AF502335

LES LÉGENDES

DES HAUTES-PYRÉNÉES.

LES LÉGENDES

DES

HAUTES-PYRÉNÉES

PAR

EUGÈNE CORDIER

SUIVIES

Des Lettres de deux Abbés contre l'Auteur

ET DE SA RÉPLIQUE.

Grandeur peu connue de la Légende. — Le Pasteur de 909 ans.
Dieu. — Le Diable. — Les Fées.
Superstitions. — Crimes. — La Légende continue.
Deux Lettres et une réponse.

LOURDES

IMPRIMERIE F. CAZENAVE.

1855.

AVANT-PROPOS.

Au moment où l'esprit de légende, cette force vivante du passé, s'affaiblit et meurt chaque jour, sur tous les points de la France, il importe à l'histoire de recueillir, sans délai, ses meilleures créations : bientôt, il ne sera plus temps.

Le peuple marche à pas de géant dans l'avenir.

On a dit à tort qu'il ne cherchait plus Dieu : il ne le cherche plus dans les miracles, dans le surnaturel ; il le demande à la nature, il le veut à jamais dans la science.

Car l'humanité a deux phases : la première, où l'imagination domine, et qui est la Légende ; la seconde, où la raison prend l'empire, et qui s'appelle la Science.

La science, qui n'est pas un mot vide, qui embrasse toutes choses, qui est la Connaissance dont toutes les avenues mènent à Dieu.

Cette phase définitive commence : et le peuple qui soupire d'y entrer, quitte dédaigneusement la légende... Je n'aurai point ses dédains.

Chaque âge a sa beauté propre, sa grandeur, sa grâce. Si la science est une réalité éternelle, la légende est un rêve infini. Je dirai quel fut ce rêve, au sein des Pyrénées centrales.

Nature inspiratrice, s'il en est au monde! Incompréhensible harmonie de pics déchirés et de riants gazons... La verdure éternelle et la glace éternelle... La neige, lit de mort ; la bruyère, lit d'amour... Les vallées les plus fleuries, la plus haute cascade de l'ancien monde.

Tantôt les brumes du Nord, tantôt le ciel d'Espagne et la lumière dorée. Le soir, les glaciers roses ; la nuit, les étoiles voyageuses. Et toujours le murmure des eaux...

L'homme fut touché au cœur et il chanta :

Chanson unique, cri au ciel, appel à l'étendue!

L'étendue répondit et se peupla ; les Esprits accoururent. Ce qu'ils ont dit à l'homme frissonnant, c'est la légende.

Je la rapporterai telle qu'on me l'a donnée : simple, sans ajouter, sans orner. Puisse, à travers mes pages, sa poésie naïve se laisser entrevoir !

Alors j'aurai fait justice au passé.

Je ferai justice au présent.

Peuple, il est vrai, la science vaut mieux que la légende.

C'est que la science c'est l'utile et le juste, le droit et le devoir, l'industrie et la paix, le travail et la liberté.

La légende, c'est l'erreur, l'asservissement, la folie, le fanatisme et la guerre.

La science, c'est l'Idée, paisible conquérante ; c'est la conciliation des races, c'est le respect des nationalités.

La légende, c'est la Force aveugle, le monde troublé, c'est le peuple de St-Pétersbourg, qui crie : Jérusalem !.. et Constantinople, en passant.

La science, c'est la piété de l'Occident, la charité de la France aux nations ; c'est la civilisation ou le chemin de l'homme à Dieu.

Il est donc temps que la légende finisse.

Tous ceux qui, sciemment, volontairement, l'entretiennent et la font vivre ;

Tous ceux qui disent au peuple : Va, retourne en arrière, reprends la croyance des aïeux ;

Qui lui disent : Ton bonheur est dans la légende, ton malheur est dans la science ;

Qui lui disent : La légende, c'est le Christ ; la science, c'est l'antéchrist ; fuis l'antéchrist !

Tous ceux-là commettent un sacrilége.

Car ils trompent le peuple, au sujet de Dieu, et ils le trompent, au sujet de son bonheur.

Car ils renversent les âges ; car ils déchirent le temps, cette étoffe du progrès...

De tels hommes ne sont point avec moi ; ils sont mes adversaires. Mais leur hostilité m'honore, et ce petit livre n'est pas fait pour eux.

LES LÉGENDES

DES HAUTES-PYRÉNÉES.

I

Grandeur peu connue de la Légende. — Zoologie fantastique.
Les Anglais magiciens.

On chercherait peut-être vainement dans les poésies nationales du Béarn et de la Bigorre, à part quelques récits d'histoire effacés, d'autres peintures que celles de la vie pastorale, d'autre sentiment que celui de l'amour, d'autres tristesses que celles de la misère. La muse simple, naïve et parfois spirituelle des Pyrénées chante, assise sur l'herbe aromatique, les doux mouvements des cœurs, les péripéties d'une tendresse instinctive, tantôt acceptée et tantôt repoussée, un amant malheureux, une fille séduite, des parents irrités : auprès du groupe humain, les brebis paissent, les jeunes béliers se frappent bruyamment de leurs cornes ; le beau chien blanc, à la face et au courage de lion, s'adoucit pour son maître : le ruisseau murmure, la forêt est proche : le poète y conduit les amants et s'arrête au seuil. Voilà le nec-plus-ultrà de la poésie bigorraise. L'épisode pastoral, toujours renouvelé dans les mœurs, se renouvelle sans cesse dans la chanson du berger : à des airs anciens d'une grande beauté lyrique, il met des paroles fraîches, expression de son génie inculte, et la muse se rasseoit sur l'herbe aromatique et chante avec lui, puis attend que l'écho réponde.

Initié à cette poésie intime, je n'en voyais point d'autre aux vallées de Bigorre. Elle seule subsiste en effet, sur l'aile des notes merveilleuses qui la portent encore aux générations naissantes ; elle seule, frêle esquif, a surnagé, par sa légèreté même, au déluge révolutionnaire qui couvre toutes les choses du vieux monde : tandis qu'au fond des abîmes va dormir pour jamais une autre muse plus haute, plus grave, plus solennelle, que je ne soupçonnais point, qu'un hasard me révèle, muse qui chantait jadis sans musique et sans rythme, qui racontait dans des paroles entrecoupées, frémissantes, légendaires, les croyances fabuleuses, les mythes inouïs des Pyrénées.

Quels étaient ces récits si fort au-dessus de nos légendes modernes? Par quels mots, par quels soupirs, par quelles exclamations attachait-elle à ses lèvres les vieux Celtes ébahis de la Bigorre? Par quelles images donnait-elle un corps aux aspirations immenses, mais vagues, de l'âme tour-à-tour enlevée ou consternée par le jeu grandiose des puissances d'une incomparable nature? Quelle fut cette muse habillée de ces vapeurs errantes qui naissent et glissent dans les profondes vallées, au gré d'un souffle mystérieux ; annoncée par ces lueurs folles, qui s'allument aux soirs humides d'automne, et dérobent aux pêcheurs des Gaves le motif de leurs capricieux mouvements; qui présidait aux grandes neiges, aux lavanges redoutées, aux lacs qui se forment soudain ou qui soudain s'écoulent, aux violentes secousses de la terre agitée par un feu secret, aux eaux chaudes et curatives, aux trésors métalliques des monts? Quelle fut cette muse ou cette sybille? Où sont ses livres, qui ne furent jamais écrits et dont le temps, lâchant un moment sa proie, m'a laissé entrevoir une page inédite dans la mémoire d'un vieux berger? Moi, fils de la lumière, disciple de la raison moderne, enfant de la science rigoureuse, je ne saurais le dire. Qu'un poète vienne, qu'un Michelet, historien et poète, évoque cette fée, elle paraîtra : docile, elle sortira des eaux du déluge moderne son grand spectre noyé, et, ranimée par l'art galvanique de celui qui a ressuscité tant de générations à la France, elle dira pour l'homme de génie ce qu'elle disait pour le peuple, et l'histoire de la vraie poésie des Pyrénées centrales sera faite.

Alors on connaîtra tout ce que l'imagination contemplative du Celte avait rêvé dans ces montagnes géantes, tout ce qu'une nature d'exception, de mystère, de mouvement, de changement éternel, avait autorisé dans ses contrastes. On suivra le pasteur étonné dans la grotte où il aperçoit d'abord une vaisselle d'argent magnifique : il se hâte de la charger dans son sarrau, et il sortait, quand par malheur un coq rouge sort avec lui de la caverne, et commence à l'inquiéter si fort en s'acharnant à sa poursuite, que le pauvre homme, qui croit l'apaiser, lui jette successivement toutes les pièces de la riche vaisselle qu'il emporte, jusqu'à ce que son sarrau soit vide, comme il l'était auparavant : alors le méchant coq disparaît. On apprendra qu'un autre berger, qui allait seul sur les bords d'un de ces lacs élevés, suspendus aux cimes, grave spectacle sous l'azur, vit tout d'un coup un monceau d'or qui brillait au soleil : une chèvre rouge était proche et faisait sentinelle : c'est que chaque trésor est commis à l'une de ces chèvres d'espèce surnaturelle :

elles doivent, trois fois par an, exposer à l'air, aux rayons d'un soleil bienfaisant, des richesses habituellement enfouies. Le berger, ébloui d'une vue si rare, courut chercher l'un de ses compagnons : quand ils vinrent tous deux, ils ne trouvèrent rien que le brouillard de la montagne.

On touchera l'histoire même au fond de ces naïves croyances, surtout le souvenir de l'Anglais, implacable alors, qui, chassé du pays par d'héroïques Bigorrais, se venge en jetant un charme sur les métaux précieux qu'il avait exploités.

Puis, la fable dominant, on écoutera, si l'on veut, l'étrange miaulement qui se fait dans les airs, aux ports d'Espagne : une troupe de sorcières passe dans le royaume voisin : le ciel est pur, et elles sont invisibles ; mais le berger, frissonnant, distingue leurs voix.

A mesure qu'on remontera dans le temps, on découvrira des images plus grandioses, des conceptions plus gigantesques. Je raconterai tout-à-l'heure, j'essaierai de redire le serpent fabuleux d'Isabit, penché au bord de l'immense vallée d'Argelès, qui aspire à lui troupeaux, vaches, moutons, et les bergers et les bouviers qui passent, et comment l'adresse triompha de ce monstre, dont la couche est aujourd'hui un adorable lac.

Des cerfs-volants, en plein midi, s'élèvent de terre, droits comme le manche d'une faulx, et se perdent dans la hauteur du ciel. Ils ont des ailes couleur de feu, qui font un si grand vent quand elles s'agitent, que les hommes en sont renversés au loin. Fils merveilleux d'un autre monde, un diamant parfait orne leur front : « Quel éclat il jette- » rait dans l'église ! » s'écrie le vieux pasteur enthousiaste. Dans la pensée du pauvre Bigorrais, tout ce qui brille est à l'église, au sanctuaire, à l'autel. Comme il ne connaît ni les palais, ni le luxe des meubles, ni celui des vêtements, toute la splendeur se concentre, à ses yeux, dans le marbre, dans les colonnes de l'autel, dans le soleil du Saint-Sacrement, dans les calices d'or ou d'argent, dans la magnifique chasuble du prêtre. Hors de l'église, son chaume, ses escabeaux, son grabat et ses habits de grosse laine. Dans l'église, les beaux parvis, les toiles brodées, l'éclat vrai ou faux de l'or qui ruisselle. L'adoration du Saint-Sacrement, la dévotion jointe, est le dernier terme de ce qu'il pourra voir, en sa vie. Cependant, voici paraître, sous la voûte bleue du ciel, un serpent de la couleur du feu, qui monte, dont le front étincelle d'un diamant pur; la pierre qui brille au doigt de l'évêque est moins vive, la splendeur même du Saint-Sacrement en est effacée. Qu'on juge de la stupeur du berger, qui n'est point assez sot pour croire à un évènement naturel, et qui comprend ici, qui prévoit, en tressaillant, une occulte volonté de Satan, roi des pompes, grand-maître des beautés visibles et décevantes d'une création à part.

Mais, pourquoi redire avec effort quelques croyances éparses, isolées, sans liaison compréhensible, détachées par la puissante main du temps d'un faisceau qui n'est plus, lambeaux informes du manteau de pourpre qui ornait la grande muse tombée du haut des Pyrénées. Le secret de ces croyances m'échappe ; le sens du symbole est perdu ; la profonde sagesse qui se cache sous les fables premières des peuples s'est évanouie ; le temps a séché la liqueur précieuse du vase mystique dont je ramasse en vain les brillans morceaux, et de tous les mythes qui charmèrent jadis l'imagination des pasteurs, il n'en reste pas un seul. Je me trompe. Peut-être pensera-t-on avec moi que le récit que je demande à faire, offre un sens moins incomplet, plus réel, et laisse encore entendre faiblement ce que l'antique sagesse disait, sous le voile des fictions, au Celte des Pyrénées.

II

Le Pasteur de 909 ans.

Transportons-nous dans les vallons d'Arize, immenses pacages, racines du mont qu'on appelle le Pic-du-Midi de Bagnères : là vivait, dans des temps reculés, un très vieux pasteur ; là il paissait ses troupeaux : et il n'avait jamais neigé sur la montagne. Or, il venait d'atteindre sa neuf cent neuvième année, lorsqu'il vit, pour la première fois, tomber la neige, et, la voyant, il connut que sa fin était proche et appela ses deux fils. Ceux-ci, qui le savaient très vieux et qui considéraient parfois la longue barbe de mousse qui pendait au menton de leur père, comme à un sapin antique, avaient essayé de ranimer ses forces en lui portant du vin. Le vieillard y trempa ses lèvres et les trempa encore : « De quel arbre est ce » fruit, dit-il. — Ce n'est point fruit de la » ronce, » répliquèrent, en souriant, ses fils. Mais la liqueur généreuse et nouvelle ne lui donna qu'un plaisir passager, alluma son vieux sang une minute : ce fut la flamme plus haute et dernière d'une lampe qui s'éteint. Et à la première neige, qui descendit sans relâche : « Mes fils, dit-il, je » meurs, voici ma fin prochaine ; rien ne » peut à présent me retenir parmi vous ; je » le savais, cela me fut prédit : ces blancs » flocons sont mon linceul qui vient, qui se » déploie, qui tombe. Mais vous, prenez » courage et suivez, quand je ne serai plus, » cette belle vache à la bruyante sonnette. » Elle vous mènera d'abord dans la région » des eaux chaudes, à Bagnères : là doivent » s'élever des thermes bienfaisants. Allez » toujours où elle vous conduira, et où elle » s'arrêtera, arrêtez-vous. »

Le vieux berger, le patriarche, l'ancien des anciens, le grand-maître dans l'art des guérisons, l'inventeur des remèdes puissants composés de simples herbes et du lait des brebis, l'Esculape, le Pan des Pyrénées, mourut alors. Malgré sa science profonde, utile, malgré les grandeurs vraies de sa vie, nul poète inspiré ne chanta ses vertus; il mourut, au bruit sourd, étouffé, de la neige qui tombe, et l'immense linceul s'étendit, s'amassa. Alors ses fils, voyant la vache prête (elle partait), ils la suivirent, pieux observateurs de la volonté du mourant. Elle fut d'abord, eux après elle, aux merveilleuses sources thermales connues sous le nom de sources de Bagnères. Et il neigeait toujours. Alors la vache, dont la sonnette faisait un tintement étouffé à tout moment par l'atmosphère enneigée, partit encore, sans hésiter, tout droit; un esprit supérieur la guidait. Et, descendant les bords de l'Adour, torrent jadis aurifère, qui ne roule aujourd'hui que des eaux et des rocs parfois tumultueux, elle s'arrêta au lieu où s'élève le riche et beau village de Montgaillard. Là, les fils du pasteur s'arrêtèrent aussi. Et il ne neigeait plus. Un rocher conserve, au-dessus du village, avec la forme de la vache d'Arize, la mémoire de cet évènement. Et depuis lors, il a toujours neigé dans la montagne.

Cependant le corps du grand pasteur ne resta point privé de sépulture; on l'inhuma pieusement, et la terre fut ornée en cette place d'un marbre blanc, sur lequel parurent gravés des caractères inconnus. Une fois, d'audacieux sacriléges, violant la sainteté de ce tombeau, enlevèrent le marbre. Mais il commença aussitôt de pleuvoir, et la pluie dura quarante jours sans trève. Alors, il fallut bien rendre sa pierre au mort irrité.

Telle est la légende : ainsi se coucha dans la terre le grand pasteur d'Arize, ainsi eut-il pour dernier vêtement la première et merveilleuse neige que versa le ciel sur les vallées profondes des Pyrénées, dans un temps qui n'a point d'histoire.

Les années s'écoulèrent et firent des siècles. Les siècles se passèrent, et notre époque se leva, comme un pâle crépuscule, à l'horizon des temps.

Alors, le monde était changé. On vit venir aux mêmes vallons d'Arize, un beau jeune homme, un enfant délicat et poli des sociétés modernes. Il allait d'un pas rapide, inconstant, funeste. La brume l'accompagnait. Les cataractes du ciel s'ouvrirent. Il était seul ; il ne s'arrêta point et fut jusqu'en un lieu sauvage, sur le bord de l'Adour qui gronde. Là, il arma sa main d'un pistolet chargé de deux balles mortelles.... Et du brillant jeune homme, il ne resta bientôt qu'un cadavre à la neige.

Le pistolet tua le corps. Le doute avait tué l'âme : on l'a conclu, avec raison, de quelques mots tracés de sa main et retrouvés dans ses habits. Lorsque l'humanité ne marche point vers l'avenir, mais semble s'y précipiter, il fut de ceux qui ne purent la suivre, parce qu'ils manquèrent de foi. Il faiblit et tomba dans la course haletante.

Ce serait une chose grave d'opposer la fin prématurée de cet enfant perdu de notre temps à la mort admirable du pasteur résigné, pieux, vieilli en patriarche dans les siècles, dans la conduite des troupeaux, dans la pratique des arts utiles. Tous deux s'endormirent, mais bien différemment, sous la froide neige. L'un attendit en paix la dernière heure, tardive et lente, qui consommait les neuf cent neuf années, dont ses robustes épaules portaient encore le faix; mais il était si vieux que sa barbe humaine devenait mousse des arbres : l'homme se faisait végétal. L'autre se précipitait, sombre et violent, dans l'éternité, sans espoir : seul, privé d'héritier du sang ou de la pensée, il finissait affreusement, sans parole. Le vieillard, dont le feu s'éteignait doucement, allumait un flambeau d'espérance, qu'il mettait aux mains de ses fils, et leur montrant l'avenir (mythe pastoral) sous la forme de la vache rousse à la cloche qui tinte et appelle les générations, il leur donnait la foi et leur révélait les trésors humides cachés sous la terre, les sources puissantes qui rendent aux hommes la santé perdue, des thermes futurs sous le manteau glacé qui, pour la première fois, couvrait l'épaule des monts, mais ne pouvait éteindre la merveilleuse chaleur répandue dans leurs flancs au sein des eaux.

III

Dieu et les Lacs.

Les mythes ou récits fabuleux des Pyrénées centrales, plus ou moins altérés par le temps, conservent donc, dans la bouche des pasteurs, quelques traces de leur beauté antique. Plus ils paraissent appartenir à une époque reculée de l'histoire, et plus ils témoignent de cette sagesse mêlée de naïveté, qui visite le berceau des peuples. A mesure que, pénétrant dans le moyen-âge, ils se rapprochent des temps modernes, on les voit perdre ce caractère instructif et moral : les paraboles des siècles primitifs font place à des récits de pure imagination, à des légendes, à des fables, parfois inoffensives et gracieuses, mais plus souvent grosses de superstitions et funestes à la raison des hommes.

S'il n'est point difficile de faire, dans les mythes des Pyrénées, la part de ce qui est dangereux à écouter et à croire, et la part de ce qui est seulement poétique, il est sans doute beaucoup moins aisé de rapporter à des époques précises la source confuse de ces traditions. Sans prétendre éclairer un tel sujet d'une clarté définitive, j'essayerai d'y porter un commencement de lumière et de retracer au moins, dans un ordre approximatif, quelques-uns de ces tableaux effacés à demi, dont les traits merveilleux séduisent encore le peuple.

Il fut un temps où Dieu allait familièrement sur la terre, contemplant les choses et les êtres qu'il a créés. Ce temps est le même en tout pays. C'est celui où les hommes commencent à se chercher, à se parler et à se reconnaître. L'humanité est naissante : ces enfants inspirés, qui bégayent, voient distinctement Dieu le père, qui est à côté d'eux, qui les observe, qui les réprimande et les châtie s'ils font mal, qui les récompense s'ils font bien, et bénit leurs vertus.

Or, de toutes les vertus, la plus chère, la plus indispensable aux sociétés informes et nouvelles, c'est peut-être l'hospitalité. Et c'est pourquoi Dieu, protecteur de l'hôte compatissant, vengeur du droit de l'étranger méconnu, apparaît au frontispice de toutes les croyances de l'univers.

La grande figure se retrouve sur le seuil de la légende pyrénéenne. Car si l'Éternel, au rapport de la Genèse, envoyait ses anges à Sodome, pour éprouver le cœur de ses durs habitants, lui-même, sous la figure d'un pauvre, entrait, un soir, dans une ville de Bigorre, qui fut la première Lourdes.

Et l'on m'a dit que ce pauvre allait de maison en maison, priant qu'on lui donnât quelque chose pour apaiser la faim qu'il avait. Mais il ne recevait partout que des refus, jusqu'à ce que se voyant privé de nourriture par la méchanceté des hommes du lieu, il aperçut une misérable cabane, qui était la seule où il ne se fût pas encore présenté, et il y fut. Dans cette cabane, il se trouvait deux femmes et un petit enfant au berceau. Et les deux femmes allèrent au-

devant de lui et lui dirent : « Pauvre hom-
» me ! qu'aurions-nous à te donner? car nous
» sommes pauvres comme toi et nous sommes
» privées de tout. Cependant, tu peux entrer
» et t'asseoir dans notre maison, et même,
» s'il te plaisait d'attendre un peu, voici
» deux gâteaux de seigle que nous avons
» pétris et qui cuisent à présent sous la
» cendre. Lorsqu'ils seront tout-à-fait cuits,
» nous les mangerons et tu en auras ta part.
» Demeure seulement un peu sans impa-
» tience. »

Et le divin pauvre, auquel ces femmes offraient un siége devant leur foyer, s'assit, chauffant ses membres, et demeura sans parler. Cependant les gâteaux s'étendaient sous la cendre et croissaient merveilleusement. Car si Dieu se montre quelque part, aussitôt tout s'accroît, la pauvreté se change en abondance : or les gâteaux de seigle grossissaient. Quand ils furent cuits, les femmes les retirèrent du feu, et, les voyant si grands, elles en restèrent surprises. Puis elles les divisèrent, et leur hôte en eut sa part, ainsi qu'elles le lui avaient promis.

Comme elles lui rendaient tous les soins dont elles étaient capables, il prit un ton d'autorité bienveillante, et il leur dit : « Femmes, en faveur de votre charité, je » veux vous sauver la vie à présent : car » cette ville va être engloutie sans retard, » avec ses habitants, à cause de leur mé- » chanceté. »

En même temps, il leur commanda qu'elles eussent à sortir de chez elles et à le suivre, ce qu'elles firent en tremblant; et elles emportèrent toute leur richesse qui était le bel enfant endormi dans son berceau.

Quand elles se furent éloignées, le sol sur lequel la ville était bâtie s'affaissa subitement, et une eau profonde le recouvrit comme un déluge. Aucune autre personne ne s'échappa que les trois habitants de la cabane. En mémoire de cet évènement, un berceau de pierre, béant au bord du lac de Lourdes, semble attendre encore le doux enfant, miraculeusement sauvé par la charité des deux femmes. Si l'on regarde attentivement à la surface des eaux, quand elles sont basses, on distinguera parfois la pointe des édifices et le comble des maisons qui décoraient jadis la ville noyée.

Je ne sais si l'on pensera comme moi, que ce récit rappelle plus encore la fable du lac Phrygien, immortalisé par Ovide, qu'il ne retrace l'histoire de Loth et la destruction de Sodome. Quand Jupiter et son fils Mercure, déguisés en mortels, trouvent un asile sous le toit de Philémon et Baucis, la divinité présente se révèle par un miracle. Chez les femmes hospitalières de Lourdes, c'est le gâteau qui croît. Chez les bons époux de Phrygie, c'est le vin qui ne tarit point. Ecoutons Lafontaine, heureux interprète du poète latin :

> Les divins voyageurs, altérés de leur course,
> Mêlaient au vin grossier le cristal d'une source :
> Plus le vase versait, moins il s'allait vidant.

Il y a au fond, dans le gâteau qui grossit et dans le breuvage inépuisable, deux pensées voisines. C'est Dieu créateur de tous biens, qui leur donne l'accroissement ou la durée, qui les rend éternels ou immenses.

Je continue. Dans ces jours primitifs,

Dieu s'incarnait souvent. Grand justicier, il parcourait la terre. Or, il fut un soir encore (c'est l'heure où le passant attardé cherche son gîte), dans un hameau très élevé de la Bigorre. Et là aussi, le pauvre se montra plus compatissant que le riche. Un vacher accueillit le voyageur. Et comme il n'avait rien à lui offrir pour souper, il tua généreusement un veau et il l'apprêta lui-même.

Tel Abraham, dans les plaines de Mambré, recevant l'Éternel, « courut à son trou- » peau et prit un veau tendre et bon, » lequel il donna à son serviteur qui se hâta » de l'apprêter [1]. » Ainsi s'exerce l'hospitalité des pasteurs.

Et Dieu dit au pauvre vacher : « Mon cher » hôte, mettez à part tous les os de ce veau, » hors un que je vais prendre. » Le vacher obéit, et quand ils eurent soupé, il rangea les os au seuil de sa cabane. Cependant ils se couchèrent pour la nuit. A l'aube, le vacher se leva et sortit et il vit son veau, dont ils avaient mangé la chair, qui pais-

1 Genèse, chap. xviii, vers. 7.

sait l'herbe, et il avait repris tous ses os, à l'exception de celui que Dieu avait séparé et qui battait gaiement dans une grande sonnette suspendue à son cou.

Or, le hameau fut englouti, sauf la cabane où Dieu était entré, dans un grand lac, bleu comme le ciel, et qu'on appelle *Lhéou*.

Il est possible que cette fable du Lhéou, que celle du lac de Lourdes, qui sont sœurs, remontent au temps où la mythologie grecque et romaine se mariait encore, dans les esprits confus, au christianisme arrivé dans les Gaules. Mais toute hypothèse rétrospective à cet égard doit se subordonner aux inductions de la géologie, quant à l'époque où ces deux bassins se creusèrent, tandis qu'on ne saurait conserver aucun doute ni scientifique ni historique sur l'origine d'un autre lac célèbre des Pyrénées centrales, qu'une convulsion fit disparaître en 1788, et qu'une convulsion avait produit en l'an 1650 : c'est le lac de Héas, auquel se rattache un miracle de Notre-Dame, constaté par acte public, aux archives de

Luz. Mais comme les miracles, qui font essentiellement partie de la croyance catholique, ne sauraient être de mon sujet, qu'on me permette de revenir à des temps et à des choses qui me laissent naturellement une plus grande liberté.

IV

L'Homme dans la Lune.

On sait que la prescription d'observer les sabbats et les fêtes fut autrefois plus étroite qu'elle ne l'est aujourd'hui. Or, il y avait, il y a bien longtemps, un homme qui travaillait tous les jours, sans se reposer les jours fériés. Dieu s'en offensa et lui dit : « Je te pardonne quant au passé ; mais dorénavant ne travaille que les jours qui sont licites. »

Cet homme n'écouta point la parole de de Dieu, et il recommença à travailler, sans égard pour les temps consacrés. Il était en faute pour la troisième fois, portant sur son dos un fagot d'épines, quand Dieu lui apparut et lui dit : « Que t'avais-je dit? Respecte les jours fériés.... Sus-

» pends ton travail ces jours-là.... Mais tu
» ne m'as point obéi.... Or, à présent, je
» vais te punir et te retirer de la surface de
» la terre. Je t'exilerai, à ton choix, dans
» le soleil ou dans la lune. »

Et l'homme répondit : « Que dois-je faire?
» Choisirai-je, à présent que je dois quitter
» la terre, d'habiter dans le soleil ou d'ha-
» biter dans la lune? »

Dieu vint à son secours, lui disant : « Le
» soleil, c'est un feu ardent, et la lune c'est
» la glace. »

« Or, dit l'homme après avoir réfléchi un
» moment, la chaleur du soleil me fait
» peur, et, puisqu'il faut choisir, j'aime
» mieux aller dans la lune. »

« Soit, » dit le Bon-Dieu, et il l'y transporta.

Parce qu'on était dans le mois de février, cet homme s'appela Février : parce qu'il n'a point voulu se reposer, cet homme n'aura plus de repos dans l'astre qui marche toujours.

Il n'est point difficile de l'y apercevoir, chargé encore de son fagot d'épines. Son ombre est à la surface ; il est au fond, derrière son ombre. Mais on ne l'y voit pas en tout temps ; car la lune est d'abord invisible elle-même, puis elle paraît, puis elle grandit, et bientôt, de sa face immense, elle regarde les hommes ; puis elle décroît. A ce moment, ainsi que dans son accroissement, l'ombre se manifeste, le prisonnier révèle son châtiment à la terre. Et le châtiment durera. Mais quand le monde aura pris fin, quand tomberont les étoiles, relevé de sa pénitence, Février reprendra, avec son nom d'homme, la liberté des cieux.

Je prie qu'à l'occasion de ce mythe, on veuille bien se reporter au chap. XV du Livre des Nombres, où il est dit :

« 32. Or, les enfants d'Israël étant au
» désert, trouvèrent un homme qui ramas-
» sait du bois le jour du sabbat.

» 33. Et ceux qui le trouvèrent ramassant
» du bois, l'amenèrent à Moïse et à Aaron,
» et à toute l'assemblée.

» 34. Et on le mit en garde : parce qu'il
» n'avait pas encore été déclaré ce qu'on
» lui devait faire.

» 35. Alors l'Éternel dit à Moïse : On pu-
» nira de mort cet homme-là, et toute l'as-
» semblée le lapidera hors du camp.

» 36. Toute l'assemblée donc le mena hors
» du camp, et ils le lapidèrent, et il mou-
» rut, comme l'Éternel l'avait commandé à
» Moïse. »

Ce grave et terrible récit, si propre à frapper l'imagination d'un peuple poète, a visiblement inspiré le mythe que je rapportais tout-à-l'heure. Dans la fable pyrénéenne, comme dans l'histoire de Moïse, c'est un homme qui fait du bois, malgré les défenses. C'est Dieu qui punit cet homme. Si la sentence est différente dans la légende, c'est que le christianisme avait changé le dogme et consacré les expiations futures. Il est vrai que l'exil dans la lune rappelle aussi de tout autres croyances. On connaît une opinion des anciens sur la destination de cet astre. « Des philosophes pensaient, » dit la grande Encyclopédie, que les âmes » moins légères que celles des hommes par- » faits y sont reçues, et qu'elles habitent les » vallées d'Hécate, jusqu'à ce que, dégagées

» de cette vapeur qui les avait empêchées
» d'arriver au séjour céleste, elles y parvien-
» nent à la fin. »

Je m'arrête. Je ne ferai pas une plus ample moisson dans le champ primitif de la Fable, où elle croissait, puissante et grave, donnant parfois aux peuples les fruits de la sagesse. Si des illusions regrettables se mêlaient à cette moralité, elles n'avaient pas toujours les conséquences funestes des erreurs qui suivirent; Dieu, éternel et juste, s'en dégageait trop bien. C'était, sous des figures, un culte perpétuellement offert au souverain rémunérateur, une leçon donnée par la justice du ciel aux justices de la terre. Aujourd'hui même, la raison des hommes, accrue par ses propres efforts sous la garantie de Dieu, se tourne sans affliction, vers ces croyances naissantes; elle les voit comme on voit un berceau; elle ne souhaite point d'y revenir, elle a pris son essor; elle se souvient seulement de les avoir aimées; elle se demande pourquoi cette simplicité fut altérée, pourquoi cette moralité fut troublée, pourquoi les peuples de l'occident, avant de monter à la lumière, eurent à gémir dans les limbes d'une longue superstition; elle s'arrête, frappée d'effroi, au seuil du moyen-âge.... Mais comme toute chose doit être scrutée (car la mission de l'homme n'est pas seulement d'aimer, elle est aussi de connaître), à présent que j'ai dit ce que le culte de Dieu prêtait de sagesse à la Fable, sur ce magnifique théâtre des Pyrénées, j'essayerai de redire les légendes et trop souvent les malheurs que le culte du diable y porta. J'y joindrai la gracieuse intervention des fées et les rêves consolants dont elles bercèrent les âmes.

V

Le Serpent.

Avant d'entreprendre ces récits, qu'anciens ou modernes j'ai le droit de produire, car ils sont à moi comme ils sont à tous, je dois me défaire d'abord du reptile mystérieux, hôte maudit ou sacré des antiques religions, qui rampe sur tous les sentiers de la Fable.

Le serpent fut, dans les Pyrénées comme dans l'Inde splendide, comme dans l'Afrique brûlée, l'objet de l'attention tremblante des hommes. Aujourd'hui même, il est plus d'un pasteur aux vallons de Bigorre, qui le croit doué d'un pouvoir malfaisant, incomparable. Le coq à peine a-t-il pondu ses œufs, qu'il les va cacher sous des fumiers impurs. Couvé par cette intime chaleur, le serpent sort de l'œuf. Et qu'attendre d'une naissance si étrange, d'un berceau si immonde! Le hideux reptile aspire tous les êtres qui sont à sa portée, et les dévore. Il fait venir à lui, par la puissance de son haleine, les petits oiseaux, hélas! et les petits enfants!

Or, le plus grand serpent que l'on ait jamais vu, se traînait jadis sur le plateau d'une montagne verdoyante, dont la beauté ne peut être exprimée. Et au pied de cette montagne et de plusieurs autres, qui forment un amphithéâtre vaste et serein, s'étend une vallée si douce, que l'âme y reste captive et s'y croit enchantée. Et de grands troupeaux allaient et venaient dans ce paradis, et bondissaient sous la conduite de leurs pasteurs, à la voix sonore de leurs chiens blancs comme la neige nouvelle. Mais, chose horrible à penser ainsi qu'à dire! pasteurs, chiens et troupeaux, enlevés de terre par une force irrésistible, montaient vers le plateau magique et s'engouffraient dans la bouche du serpent, qui se dilatait alors d'appétit et de joie pour les recevoir.

Et cela durait depuis très longtemps, et

d'innombrables victimes avaient déjà succombé, en sorte que tout le pays n'était que larmes, gémissements et consternation.

Or, il se trouvait dans le village d'Arbouix, bâti au flanc de la montagne si verte, un homme qui avait beaucoup de courage, et cet homme n'avait pas moins d'adresse que de courage. Et il résolut de délivrer son pays. Dans ce but, il établit une forge au lieu le plus secret qu'il put trouver, et là il forgeait du fer, et lorsque le fer était rouge, il le mettait à la portée du serpent, au péril de sa vie, bien qu'il eût soin de se retirer aussitôt. Le monstre, qui regardait de côté et d'autre, cherchant une proie, lorsqu'il voyait ce fer rouge, l'aspirait comme tout autre chose, et par la puissance de son souffle, il l'avalait d'un seul trait. Le feu se mit à ses entrailles, et il eut une si grande soif, qu'il se prit à boire, à boire, et il buvait toujours. A la fin, il creva. L'eau qu'il avait absorbée se répandit et fit un lac : c'est le lac d'Isabit. Encore un lac! C'est que dans cette nature prodigue, il est plus facile de les admirer que de les compter.

Cependant, les habitants reconnaissants du village d'Arbouix accordèrent à leur sauveur le droit de conduire ses troupeaux, sans rétribution, sur les pacages qu'il avait affranchis, et ses descendants jouissent encore de ce droit.

Ensuite, on prit les côtes du reptile, et l'on crut faire une chose agréable à Dieu, de s'en servir pour construire une église. Mais, quand l'église fut bâtie, la grêle tomba sans relâche. On connut par là qu'il fallait brûler ces os, parce qu'ils étaient maudits, et quand ils furent consumés, la grêle ne tomba plus.

J'avoue que dans cette aventure, altérée peut-être par les récits modernes et détournée de sa version première, le merveilleux qui domine, s'offre à l'esprit à-peu-près sans compensation : à moins qu'on ne veuille considérer la forge d'Arbouix comme un emblème de cette forge divine qui prépare, sous les Pyrénées, les crises dont ces montagnes furent le théâtre, à des époques diverses. Des lacs ont dû se former sous l'influence de ce foyer caché, de cet agent secret que la science étudie, que le peuple a soupçonné sans doute.

Quoi qu'il en soit d'un aperçu que je livre pour très incertain, il semble que le serpent, ce fascinateur du monde visible, amène naturellement à l'illustre et invisible trompeur, avec lequel les anciens peuples lui accordèrent une parenté intime.

Personne n'ignore plus aujourd'hui comment le diable a tourmenté le moyen-âge et lui a arraché ce long cri de désespoir, que Michelet, voix sympathique, a redit pour l'instruction de ce siècle : je l'ai entendu ; je l'accueille avec une grande pitié. J'essayerai un jour, par de patientes recherches, de montrer la part spéciale des peuples pyrénéens dans cette immense misère morale. Quant à présent, je ne puis que retracer des épisodes où l'homme, en lutte avec le malin, est tantôt vainqueur, tantôt vaincu. On verra que le fantastique combat dure encore. Mais, pour autoriser des récits contemporains, peu connus en dehors du peuple qui les fait et qui les croit, je commencerai par la légende de Bénac, qui appartient à l'histoire et qui me placera d'abord dans le cœur du sujet.

VI

Le Diable au XIIIe siècle.

Sous le très chrétien roi Louis IX de France, il y eut à Bénac, en Bigorre, un baron du nom de Bos, lequel, partant pour la croisade, dit à sa femme : « Je me suis » croisé pour notre Seigneur, et je vais en » Terre-Sainte combattre les infidèles. Je » reviendrai, s'il plaît à Dieu. Mais, si je ne » revenais point avant qu'il fût sept ans, à » compter de ce jour... ma femme, tu seras » libre alors de prendre un autre époux. » Il dit et il partit.

Or, les années s'écoulaient et Bos ne revenait point. Et il s'en fallait seulement de trois jours que la septième année ne fût accomplie. La dame de Bénac, qui était lasse de regarder du côté de la Terre-Sainte, n'espérant plus revoir son époux, commença à nourrir d'autres pensées, et lorsque le baron d'Astugue lui proposa sa main, elle ne s'en offensa point.

Cependant, le diable se présenta devant Bos, lequel était prisonnier dans le pays d'Egypte : « Baron, lui dit-il, ta femme » songe à se remarier, toi vivant, et son » fiancé, c'est le seigneur d'Astugue. Lais- » seras-tu consommer cette infidélité?

— » Hélas! et que puis-je faire? » dit le baron, qui, outre qu'il n'était point libre, connaissait les distances.

— » Mais, reprit le diable, je m'offre à te » servir, et pour prévenir le malheur dont » tu es menacé, je te porterai en trois jours » dans ton château de Bénac. » Le baron fut tenté. « Or, ajouta le diable, donne-moi, » pour prix de ma peine, une seule goutte » de ton sang. Ce n'est point payer cher un » si prompt voyage... »

Mais le prudent baron : « Non, dit-il, » mon sang est à mon bon Seigneur, qui » a versé le sien pour nous. Je le lui dois » jusqu'à la dernière goutte.

— » Mais, reprit le diable, voudrais-tu » de mes services gratuits? Je ne te de» mande qu'une parole : *Mon diable, je suis » à toi...*

— » Et ne suis-je pas déjà à mon Sei» gneur, pour lequel je me suis croisé? » répondit le très prudent baron... Et l'on » ne peut être à deux maîtres à la fois. »

Le diable marchandait : « Soit, dit-il ; tu » as des scrupules. Mais j'ai pitié de toi et » je veux t'accommoder. Tu m'alloueras pour » récompense, quand je t'aurai rendu dans » la grand'salle de ton château, une part de » dessert au souper de ta femme.

— » Ah ! pour le dessert, dit le baron, » ravi d'en être quitte à si peu de frais, j'y » consens, je te le promets, et je tiendrai » parole... Allons, diable, allons ! et porte» moi promptement dans mon château de » Bénac »

Alors le diable enleva le baron au-dessus de la mer. C'était un homme intrépide que ce baron, un homme de fer, et il n'avait point peur. Le diable lui disait de temps à autre : « Cher baron ! tu vois ce que je fais

» pour toi. Je pourrais te laisser cheoir dans » la mer, au milieu des poissons : mais je » t'aime tant, que je veux te remettre sain » et sauf dans ton château de Bénac. En re- » tour, ce serait d'une âme reconnaissante de » te donner à moi : car je me donne à toi... »

Mais le baron n'écoutait ni les terribles séductions, ni les doucereuses menaces du diable, et répondait toujours : « Allons, » diable! et conduis-moi là où tu as promis » de me conduire. »

Ils approchaient : le diable posa le baron à terre ; c'était à une très petite distance du château : « Va, dit-il, et comme un pélerin- » mendiant, pénètre dans la grand'salle de » tes pères. Tu verras ton rival assis au » souper de ta femme. »

Le baron toucha la terre-ferme avec plaisir, et dans le même moment, un coq se mit à chanter. Le génie domestique, s'exprimant par cette voix, voulait-il le défendre contre les entreprises du démon? Celui-ci bondit, et en retombant, il enfonça sa griffe dans un rocher, où l'on en voit encore l'empreinte.

Néanmoins, le baron avançait d'un pas rapide, avec cette poignante curiosité de l'homme qui va trouver sa femme à table avec un rival. Il franchit la grand'porte : aussitôt son vieux chien le reconnut, et il sauta de joie et il léchait ses mains ; son cheval préféré hennit dans l'écurie. Bien que touché des marques d'une affection si persévérante chez de simples animaux, le baron, sans s'arrêter, alla droit à la salle du festin, où il aperçut, à l'éclat des flambeaux, son épouse qui soupait avec le baron d'Astugue et de nombreux convives. Il fut à elle et lui parla, mais elle ne le reconnut point ; et il lui parla encore, mais elle se détourna de lui.

« Ah! s'écria-t-il douloureusement, suis-je » donc si changé? Mon chien m'a reconnu, » mes chevaux même hennissent à l'écurie : » et ma femme ne veut pas retrouver en moi » son époux ! » Alors il mit sous ses yeux la moitié d'un diamant qu'ils avaient partagé, lorsqu'ils se séparèrent, et comme elle avait conservé sa portion, elle la rapprocha, et les deux moitiés s'ajustèrent si bien que la dame ne put douter plus longtemps de la présence du sire de Bénac.

Dans la stupeur que produisit une telle reconnaissance, et tandis que les convives, embarrassés, se consultaient mutuellement du regard, il arriva quelque chose de pis : car le diable parut, réclamant du baron l'exécution de sa promesse et une part au dessert de sa femme. Qu'on juge de l'effroi de toute cette assemblée ! Le baron seul ne se troublait point, parce qu'il avait une âme très forte : « Eh ! bien, soit. Je tiendrai » ma promesse... » Et prenant quelques coquilles de noix : « Ce sera ton dessert et ta » récompense, dit-il au diable. »

A ces mots, le malin, — qui avait compté recevoir du baron l'un de ces aliments substantiels qui conservent la vie des hommes, et que, pour cette raison, on appelle dans le pays : *la grâce de Dieu*, et qui attendait ces marques décisives d'une hospitalité qu'il eut aussitôt exploitée à son profit, — frustré par une offre visiblement dérisoire, entra dans une colère d'autant plus affreuse qu'elle était impuissante. Il fit un bond terrible, et crevant le mur énorme de la cheminée seigneuriale, il s'enfuit en hurlant.

Jamais cette ouverture ne put être fermée depuis, quelque soin, quelqu'adresse qu'on y apportât ; et l'on dit qu'elle était encore béante, quand vint la révolution, après laquelle le mur fut entièrement détruit.

Cependant, le baron, touché d'une si étrange aventure et de la conduite de sa femme, inquiet pour son salut des complaisances du diable : « Adieu, dit-il, oublieuse » épouse ; je vais, dans la solitude, ne me » souvenir que de Dieu. » Le sire d'Astugue, déçu dans l'espoir d'ajouter à son bien la riche dot de la dame de Bénac, imita cette conduite. Et la dame resta sans époux.

Or, le diable, irrité depuis six cents ans de sa déconvenue dans le château de Bénac, y revient la nuit, sous la figure d'un chien blanc, et tourmente, jusque dans ses ruines, les paysans qui l'habitent.

J'ai suivi, dans cette légende, plutôt la tradition que les textes. C'est au peuple, non aux savants, à dire ces choses avec la naïveté qu'elles comportent et que je tenterais vainement de faire passer dans mes pages, quelque désir que j'en eusse. Quant aux récits que je tiens en réserve et dont les simples héros n'eurent point d'historiographe, force m'est de les puiser exclusivement dans le témoignage de la génération actuelle : et c'est ce que je ferai avec un grand scrupule, persuadé que pour l'étude des croyances populaires, la légende du paysan n'importe pas moins que celle du grand seigneur.

VII

Le Diable chez les Paysans.

Il y eut autrefois, au débouché des montagnes, près d'un village qu'on nomme Poueyferré, une métairie dont les habitants parlaient moins souvent de Dieu que du diable. Le diable les prit au mot, et fut s'asseoir un jour à leur foyer. Quand ils le virent entrer, tout habillé de rouge, ils furent terriblement surpris. Mais ils songèrent qu'une fois n'est pas coutume, et qu'il ne reviendrait point. Dans cette pensée, ils prièrent Dieu et ils dormirent.

Le lendemain, à la même heure, le diable revint avec les mêmes habits, s'assit à la même place, sans faire d'autre façon. Les paysans en demeurèrent consternés. Quand il sortit, ils prièrent Dieu plus fort, et ils dormirent un peu moins que la nuit précédente.

Le jour suivant, ils attendirent avec anxiété l'heure où le diable avait paru la veille et l'avant-veille. Il fut exact, et sans mot dire, s'empara du coin de leur feu. Cette fois, ils tremblèrent beaucoup, car ils s'aperçurent que le malin avait définitivement pris pied chez eux. Ils réfléchirent et jugèrent qu'il fallait aviser aux moyens de le déloger. Ayant pris cette sage résolution, ils allèrent consulter leur curé, et lui expliquèrent, sans déguisement, leur triste cas. Le curé leur représenta d'abord qu'ils étaient en faute, parce qu'ils avaient, pour ainsi dire, invité le diable, en ayant toujours son nom à la bouche. Il ajouta qu'en considération de leur repentir, il ferait tous ses efforts pour les débarrasser de la présence d'un hôte qui s'opposait visiblement à leur salut. Et il tint parole, quant à la peine qu'il se donna ; mais elle fut infructueuse : le diable continua ses visites quotidiennes.

Les paysans, qui avaient perdu la joie et la santé, se demandaient parfois s'ils veillaient ou s'ils dormaient; car le visiteur rouge pesait sur leur poitrine comme le fantôme d'un inexprimable cauchemar. A la fin, ils adressèrent une supplique à l'évêque, le conjurant d'intervenir. L'évêque les entendit et se rendit lui-même à Poueyferré. Il y fut en grande pompe, avec tout son clergé; en sorte que c'était une chose magnifique à voir. Il pénétra dans la maison, dans le temps même où l'hôte écarlate y était assis. Il prononça des paroles; il jeta de l'eau bénite; et comme le diable ne sortait point, et qu'on craignait que, venant à s'élancer, suivant sa coutume, il ne fît au toit une brêche irréparable, on assure que le prélat lui posa son étole sur l'épaule et le traîna ainsi jusqu'à la porte. Arrivé là, le malin disparut, appelant les éléments à sa vengeance : et aussitôt un gros nuage éclata sous la forme d'une grêle prodigieuse, de façon qu'il n'y eut point de grains pour cette année.

Tandis que ces choses se passaient vers les plaines, des évènements non moins étranges s'accomplissaient dans l'enceinte dès montagnes : témoin ce paysan des bords du grand Gave, dont la vallée de Davantaïgue a conservé le souvenir.

Il se voyait sur le point de perdre une riche prairie, parce que le titre constatant son droit avait disparu. Ce titre était chez un oncle ; mais lorsqu'il fut le chercher, l'oncle était mort ; le papier ne se retrouva point. Cet homme est bien en peine, et venant au bord de la prairie : « Hélas ! » dit-il, serai-je dépouillé du plus clair de » mon bien ?.. J'avais un titre, et ce titre est » perdu... Où le découvrirai-je à présent ?.. » Le diable seul y pourrait quelque chose, » si le diable voulait... Qu'il vienne à mon » secours, en cette extrémité, et je lui » donne, à son choix, ma plus belle paire » de bœufs. »

Le diable répondit : « Je te tiens quitte de » tes bœufs, et je te servirai : mais à la con- » dition que tu me cèderas ton épouse.

— » Je le voudrais, reprit le paysan, que » je ne le pourrais point. Je ne dispose pas » de mon épouse... La femme n'est point à » l'homme, mais elle est à elle-même. »

Le diable n'insista point. Il le transporta dans une salle magnifique, où des individus de tout âge étaient assis sur de moëlleux fauteuils. Et son oncle se trouvait parmi eux. Or, le diable montrant un des siéges qui était vide : « Je vais te rendre ta prairie, » dit-il ; mais tu me feras, quant à l'avenir, » cadeau de ta personne. Je la déposerai » quelque jour dans ce siége délicieux, au » sein de cette honorable assemblée. »

Le paysan ne répondit point ; il éprouvait quelques doutes, et s'avançant vers son oncle qu'il avait reconnu dès l'abord : « Vous » êtes bien assis, mon cher oncle, lui dit-il, » et fort à l'aise apparemment. — Or, lui dit » son oncle, touche un peu mon fauteuil de » l'extrémité de ton bâton. »

Le paysan toucha. Mais à l'instant une flamme courut du fauteuil au bâton et du bâton à l'homme, qui en fut bien épouvanté : « Ah ! ah ! dit-il en tremblant, je » comprends où je suis à cette heure : n'est- » ce point en enfer ? — Sûrement, lui dit son » oncle ; j'y réside pour mes péchés, et com- » me tu peux voir, en nombreuse compagnie.

» — Mais, reprit le paysan, dont l'esprit
» tenace ne perdait point de vue l'objet de
» son voyage, où donc est le titre de ma
» prairie? — Retourne dans ma maison, lui
» dit son oncle, et au fond de ma cheminée,
» sur l'une des tablettes où la résine s'allume
» pour nos veillées, tu le découvriras. »

Le paysan n'en demanda pas davantage; il avait hâte de sortir de ce lieu, et il faut convenir que le diable mit de la complaisance à l'en tirer.

A peine se vit-il libre, que, profitant des avis de son oncle, il retourna dans sa maison, et au fond de l'obscure cheminée, il retrouva son titre : il s'assura de sa prairie. Mais, à la même heure, il perdait la parole; et, à une année de là, jour pour jour, il il était mort.

Qu'on interroge les anciens de ce mystérieux pays qu'on appelle le Lavedan, ils rediront, en la variant, cette histoire : et la jeunesse contera à son tour l'aventure suivante, dont la moindre singularité n'est pas de s'être accomplie de notre temps.

VIII

Le Diable au XIXe siècle.

Le fils d'une des plus riches maisons de Davantaïgue, splendide vallée dont l'usure a consommé la ruine, était doué d'une force extraordinaire, qui faisait l'admiration de ses robustes compatriotes. Enfant, il étouffait dans ses bras ces hercules qui vont, de contrée en contrée, portant un défi aux populations qu'ils traversent : homme fait, il eut inspiré la terreur, si l'on ne se fût rassuré en considérant la bonté de son naturel.

Le marché d'Argelès réunit, une fois la semaine, les habitants de toutes les vallées voisines : des libations, des chants sonores, des conversations passionnées s'entremêlent et succèdent aux affaires : les heures s'écoulent. La nuit venue, les chemins sont obscurs ; le retour est parfois difficile.

Yuseppou (c'est ainsi que je nommerai le héros ou plutôt la victime de ce récit) était allé, suivant sa coutume, au rendez-vous général de la contrée, et il y était encore que la soirée s'avançait beaucoup. Le temps était horrible ; ses amis veulent le retenir : « Non, non, dit-il, je ne crains rien et je » pars, dussé-je rencontrer le diable. »

Quand il fut au pont du Gave, il vit un âne : « Camarade, dit-il plaisamment, tu » vas me porter ou je te porterai chez moi. » Il monta d'abord, mais l'âne n'avançait point... « Puisqu'il en est ainsi, c'est donc » à moi de te porter. » Il descend, le charge sur ses épaules et marche. Mais, chose étrange ! à chaque pas qu'il faisait, l'âne devenait plus lourd. Bientôt il pesa tant, que le vigoureux Yuseppou sent, pour la première fois, ses forces défaillir : il veut secouer son fardeau, mais inutilement ; l'âne s'enlace à son cou, le presse, l'étouffe et l'entraîne malgré lui vers le Gave mugissant. Dans ce danger suprême, l'infortuné se ressouvint de Dieu, et faisant un signe de croix désespéré : « Si tu es Satan, dit-il, » Satan ! retire-toi. » A ces mots, l'animal disparut ; un feu s'élança vers la crête des montagnes qui étincelèrent un moment, et Yuseppou regagna sa demeure, en proie à une terreur indicible.

Il avait une agitation fébrile extraordinaire et des mouvements convulsifs qu'on voulut calmer par de l'opium. Il resta vingt-quatre heures dans un état semblable à la mort. Depuis, et pendant sept années qu'il vécut encore, il eut sans cesse des alternatives de froid glacial et de chaleur insupportable, avec des crises d'une nature inconnue, dans lesquelles il succomba.

Il paraît qu'antérieurement à cet accident funeste, étant allé se confesser du même péché à plusieurs prêtres, en divers temps, l'un le remettait à trois jours, l'autre à huit, un troisième à un mois ; enfin, sur l'observation qu'il en fit à un dernier confesseur, celui-ci lui dit imprudemment : « Eh ! bien, » vous communierez demain... » Mais Yuseppou le regarda avec mépris, s'écriant qu'une religion qui a plusieurs poids et mesures, est une chose dérisoire. Il partit, à ces mots, et il ne revint plus.

Que ce récit et que ceux qui précèdent soient entièrement conformes aux légendes que l'Allemagne a vu naître en d'autres temps, c'est une chose trop sensible pour que je doive m'y arrêter. Tout le monde connaît ces fantaisies bizarres que la crainte du diable a brodées sur les rives féodales du Rhin. Le moyen-âge, sombre poète, jetait les mêmes inspirations au grand fleuve de l'Empire, aux torrents des Pyrénées pastorales. D'un bout de l'Europe à l'autre, accablés des terreurs qu'enfante une nuit profonde, les peuples gémissaient. Les fées les visitèrent. Ce fut un soulagement, une grâce. Le berger de Bigorre se réfugia près d'elles. Et depuis ce jour, sa grande imagination, hantée par des fantômes, s'est reposée sur des visions plus douces.

IX

Les Fées.

Les belles et mélodieuses jeunes filles du Lavedan croient encore que, si elles aperçoivent auprès de la fontaine un fil gisant à terre, elles doivent le ramasser, l'enrouler vite : le fil s'allonge et forme sous leurs doigts un peloton merveilleux, d'où sort une fée qui, ravie qu'on l'ait soustraite à son incommode prison, fait à sa libératrice quelque riant présent, ou lui prête sa baguette magique.

Il y avait une fois deux bergers, lesquels firent la rencontre de deux belles vierges qui étaient fées ou enchantées, ce qui revient au même. Et les fées dirent aux jeunes hommes qui leur étaient peu inférieurs en beauté, car ils étaient aussi beaux qu'on

peut l'être quand on n'a point subi d'enchantement : « Voulez-vous bien nous épouser ?..
» Nous sommes des fées, et nous vous
» donnerons des trésors qui vous rendront
» riches à jamais... » Puis elles ajoutèrent en rougissant, quoique fées : « Nous vous
» donnerons aussi de beaux enfants qui
» feront votre joie et l'admiration de vos
» voisins. » Puis elles attendirent modestement que les deux jeunes pasteurs, tout surpris de la rencontre et d'une proposition si séduisante, prissent la parole pour leur répondre. On juge qu'ils ne se firent pas prier pour accepter, et les fées, qui les virent si bien disposés à faire ce qu'elles souhaitaient : « Revenez demain, dirent-
» elles, au bord de ce champ ; mais revenez
» à jeûn, afin qu'en nous épousant, vous
» puissiez rompre le charme qui nous retient
» captives. Alors nous ne serons plus fées,
» mais nous serons vos femmes.... Prenez
» garde, pour notre bonheur et pour le
» vôtre, de n'avoir point mangé avant que
» nous soyons unis. »

Le lendemain, les jeunes bergers revinrent, pleins d'espérance, au lieu que les fées leur avaient désigné, et ils les aperçurent. C'était le temps où les seigles se forment. L'un des deux, cueillant un épi par inadvertance, en détacha un grain qu'il rompit entre ses dents, pour savoir s'il mûrissait. Aussitôt la fée qui lui était promise, s'écria en tressaillant : « Tu m'as replongée dans » le charme dont j'allais être tirée ; tu m'as » rendue fée à jamais, hélas !.. » Et elle disparut dans le même instant.

Mais l'autre fée, s'adressant à son fiancé qui avait été plus attentif à suivre ses avis, lui dit : « Songe à présent, ô berger ! que je » vais être ta femme, car tu as détruit » l'enchantement qui me tenait éloignée des » hommes. Mais si tu veux me conserver » près de toi, souviens-toi de ne m'appeler » jamais ni fée ni folle... Au surplus, sois » confiant et ne crains rien de ce qui va » arriver. »

Tandis que la belle fée lui donnait ces doux encouragements, un serpent s'éleva de terre, et s'enroulant à l'entour du bâton du pasteur, approcha sa bouche de la sienne :

baiser mystique, consécration surhumaine de l'alliance de l'homme avec la fée... Le berger le reçut en silence et fixa tendrement ses yeux sur la vierge enchantée, pour laquelle il souffrait cette caresse.

Alors elle le prit par la main et le conduisit dans une caverne où il y avait beaucoup d'or et d'argent. Ils chargèrent ces richesses sur deux mulets, et furent les convertir aussitôt en une maison rustique, accompagnée des plus belles terres de la contrée. Puis ils eurent de beaux enfants... Puis les années s'écoulaient.

Or, il arriva un jour que l'épouse, jeune encore, qui avait retenu de son enchantement certaine faculté divinatoire, ayant regardé le ciel, là où des yeux vulgaires ne voyaient que la sérénité présente, y lut les signes d'un ouragan terrible, qui devait fondre sur le pays, dans la soirée. Aussitôt, ménagère prudente et pour prévenir de plus grands malheurs, elle ordonna à ses domestiques de couper les moissons, bien qu'elles n'eussent pas atteint leur entière maturité, et elle les fit rentrer sous l'abri de ses granges. Son époux qui était absent, revint pour lors, et voyant les valets de la ferme occupés à enlever les blés avant qu'ils ne fussent mûrs, il leur demanda avec colère qui leur avait commandé un pareil travail. Et comme les serviteurs tremblants lui répondaient qu'ils ne faisaient qu'exécuter les ordres de sa femme, il l'aperçut elle-même qui venait au-devant de lui : « Oh ! la folle, s'écria-t-il ; » est-il possible qu'un acte aussi extravagant » ait pu entrer dans ta pensée ! »

A ce mot fatal, et poussant un profond soupir, l'épouse disparut aux yeux de son mari consterné, et rentra brusquement sous le charme qui reprit sur elle son pouvoir.

Dans la soirée de ce jour, une effroyable bourrasque descendit dans la vallée : les eaux rompirent leurs digues, inondant les champs et ruinant les moissons. Alors le triste pasteur, qui vit son grain sauvé par la prévoyance de sa femme, lui rendit, en gémissant, une tardive justice. Il la rappela, mais en vain.

Cependant elle revenait, chaque aurore, dans une chambre isolée de la maison. Là, se rendaient près d'elle ses enfants, beaux comme le jour, et elle aimait à peigner leurs blonds cheveux avec un soin infini. Elle les avait conjurés de ne dire à personne son retour secret. Le père qui ne pouvait s'expliquer l'ordre splendide qui régnait sans cesse dans l'arrangement de ces merveilleuses chevelures, interrogea les enfants, leur demandant quelle était la main habile qui leur rendait ce service journalier. Mais, dociles à la prière d'une mère, ils ne voulurent point le dire. A la fin, il les suivit doucement vers la chambre où ils montaient à la dérobée, et il vit... ce fut pour jamais... sa jeune épouse, plus belle qu'au jour où il l'avait fiancée : elle tenait à la main un peigne précieux, qu'elle promenait, heureuse, sur la blonde tête de ses fils. A peine entrevit-elle son indiscret époux, qu'elle s'évanouit comme un songe : et les enfants, ainsi que leur père, l'eurent vue pour la dernière fois.

Sans prétendre que ce conte aimable de la Fée-Mère appartienne en propre aux grandes Pyrénées, j'affirme du moins qu'il s'y est naturalisé sans peine. Le dernier trait, si doux, qui le termine, se retrouve dans d'autres récits populaires du pays : et récemment encore, une bouche naïve me fit part, en présence d'un poète qui le le dirait mieux que moi, d'un épisode semblable, d'un effort analogue et touchant de l'amour maternel, dont un village des environs de Bagnères fut le témoin.

X

Les Innocents.

Il y a dans ce village une famille qui compte parmi ses membres l'un de ces pauvres êtres, chagrin trop ordinaire des vallées, dont l'intelligence est infirme et qui ne peut lui-même pourvoir à ses besoins. Sa mère veillait sur lui avec une tendre sollicitude, lorsque sa mère vint à mourir. Ce fut un deuil pour tous, mais non pour cet enfant. Couché dans la chambre commune, quand on se réveillait à l'aube, on le voyait, avec surprise, debout déjà : ses cheveux et ses habits étaient en ordre ; on l'interrogeait alors, et il disait : « Ma mère » est venue, pendant que vous dormiez ; » elle m'a dit de me lever, et elle m'a vêtu » elle-même. Puis elle m'a présenté une jatte

» pleine de lait, du pain, et j'ai mangé... » Cet innocent ne savait point ce que c'est que la mort, et il voyait toujours sa mère; en sorte qu'il était heureux.

Cependant ses autres parents s'inquiétaient de ce qu'une chose si extraordinaire se passât dans leur maison, et ils furent en instruire le curé. « Bonnes gens, leur dit ce » prêtre, faites célébrer des messes pour le » repos de la défunte, et, à l'avenir, ayez » de cet enfant les mêmes soins qu'il rece- » vait de sa mère. » Les paysans rentrèrent chez eux et rapportèrent aussitôt l'argent qu'il fallait pour dire les messes.

La morte revenait toujours. On ne pouvait jamais la voir, mais on le savait par l'enfant. Ce ne fut qu'à la fin de la neuvaine qu'elle cessa de paraître : alors son âme entra dans le repos, et son fils obtint, grâce au curé, les soins affectueux de ses parents.

Les faibles d'esprit, les enfants, ont des lumières spéciales, chez tous les peuples inéclairés. Ils voient des choses que leur innocence comporte, que les hommes ne voient point, parce qu'ils sont indignes. Un enfant de la montagne est frappé de l'apparition d'une belle femme blanche, qui voltige sur les tertres couverts de mousse. Il le dit, on ne le croit point. Cependant « la voilà ! » s'écrie-t-il, en désignant du doigt l'air diaphane. Il est si sûr, qu'on le croit à la fin : son âme, blanche aussi, n'a-t-elle pas des visions, quand le voile du péché couvre nos yeux!..

De telles croyances ont certainement un charme auquel je rends hommage. Après les avoir exposées avec fidélité, je dirais au lecteur : Arrêtons-nous à cette page attendrissante du grand livre de la légende pyrénéenne... Nous avons parcouru ce que le temps a respecté de cet immense ouvrage d'un peuple. Par lui, nous avons évoqué le patriarche dans sa simplicité et Dieu dans sa justice : l'esprit du mal et ses colères, les fées et leurs amours. Reposons-nous sur la famille, sur la mère qui revient des morts pour secourir son enfant, sur l'enfant auquel sa pureté découvre les choses d'un monde invisible...

Je parlerais ainsi, si, devant me borner au rôle de narrateur, je n'avais pas surtout à remplir un devoir d'historien. Ce devoir est sévère. On ne m'accusera point d'avoir dissimulé la poésie des fictions pyrénéennes. Si je n'ai pu atteindre à leur sublime hauteur, le talent a manqué, non l'effort. Autant que je l'ai pu, j'ai fait la part du beau; autant que je le pourrai, je ferai la part du vrai. Je dirai que ces légendes, ou nobles, ou gracieuses, ou morales, ou simplement bizarres, ne vont point seules, et qu'un vaste cortége de superstitions les accompagne, les précède et les suit, les enveloppe et les étouffe : en sorte qu'en définitive il ne reste plus rien ou de cette grâce, ou de cette noblesse, ou de cette moralité. Je dirai sans crainte d'être démenti, parce que j'ai mes preuves, que ces superstitions subsistent, qu'elles ont traversé les siècles, qu'elles oppriment encore les esprits faibles, qu'elles engagent encore dans des actions coupables les consciences innocentes... Le temps est venu où légendes, fictions, erreurs inséparables, doivent sortir de la mémoire du peuple, pour entrer à jamais dans le grave domaine de l'histoire.

C'est là que les poussent incessamment les dispensateurs laïques de l'instruction primaire, les dignes missionnaires de la raison moderne. Et cependant, l'œuvre utile, mémorable, est loin d'être achevée... l'ombre persiste... la lumière n'est point faite. On en jugera, si l'on veut bien pénétrer avec moi dans un monde populaire, où, parmi les craintes puériles, les illusions, l'erreur, finalement on rencontre le crime.

XI

Crédulité présente.

Laissons parler ce pâtre des montagnes, qui m'ouvrit à deux battants les portes dorées de la légende : il nous dira sa vie.

Lorsqu'il n'était encore qu'enfant à la mamelle, il fut malade et il dépérissait. Il refusait de prendre le sein de sa mère, qui en conçut une grande inquiétude et fut, dit-il, consulter un bon prêtre. Ce prêtre était un habile homme : « Hâtez-vous, s'écria-» t-il, avant que cet enfant ne se flétrisse da-» vantage, d'éventrer l'oreiller sur lequel il » repose. Peut-être y trouverez-vous la cause » véritable de son mal. » La bonne mère ouvrit l'oreiller et aperçut, à sa grande surprise, que toutes les plumes qui le remplissaient, étaient jointes et enchevêtrées, de manière à former une longue chaîne compacte, qu'il était impossible de rompre. Elle jeta bien loin l'oreiller enchanté, et l'enfant revint à la vie.

Mais depuis lors, il a toujours des esprits sur sa route. Veut-il pénétrer dans une mine aux trésors soupçonnés, sa torche s'éteint, une chèvre accourt et le frappe de ses cornes d'or. Si, pasteur des troupeaux, quand la pluie tombe à torrents, il demande un abri au blanc rocher qui surplombe, il se fait un tumulte affreux, comme si des chaudrons se choquaient dans des mains invisibles. Sous ses pas, la fougère frissonne et parle, la terre creuse rend de sourds gémissements, le vent lui porte des menaces : il s'enfuit effaré... Mais où sera-t-il plus tranquille?

Déjà vieilli dans ces terreurs, il passait un jour auprès d'une fontaine, quand une vieille fille, qui y puisait de l'eau, se prit à le considérer étrangement. Il se hâta de lui tourner le dos; mais le regard oblique l'atteignit dans les reins : « Pierre, lui cria-» t-elle, n'auriez-vous point la sciatique?.. »

Hélas ! il ressentit, dès ce moment, une affreuse douleur qui l'approche du tombeau.

On sait pourtant qu'il est un art d'écarter les influences malignes.... D'une branche d'aune, cueillie avant le jour, au premier mars, qu'on exprime la sève dans l'eau pascale, c'est une mixture efficace, un talisman... Si le mauvais œil a frappé le bétail qui languit et qui meurt, il est urgent de faire tournoyer dans l'étable un crapaud expirant au bout d'un fil.

Mais qui empêchera la sorcière, irritable voisine, d'arrêter d'un geste la lessive qui coule?

Mais qui l'empêchera (ô mal irréparable !) de fasciner la vierge sans défiance, par la magnétique lumière de sa prunelle?

Et qui pourra se garantir soi-même des meurtriers effets d'une cabale inconnue?

Il y eut une fille des vallées, qui mit au monde un enfant, dont le jeune père ne voulut point l'épouser : l'infidèle poursuivait une autre alliance. Alors la mère abandonnée, n'écoutant plus que la vengeance, eut secrètement recours à la magie. Elle fit des conjurations si puissantes, que son séducteur devint d'abord malade; bientôt ses souffrances augmentèrent, son corps se troua comme un crible. La douleur, les regrets, le ramenèrent suppliant vers sa maîtresse : il venait combler ses désirs, en lui offrant sa main. L'amante lui pardonna et tenta de le sauver, comme elle avait tenté de le perdre... Mais il était trop tard : le terrible sortilége devait avoir son cours... il mourut.

C'est que la magie est un art dont on ne peut jamais devenir assez maître pour en modérer les effets à son gré. C'est une arme à deux tranchants, qui blesse celui-là même qui s'en sert. Il faut être bien adroit pour la prendre entre ses mains, bien hardi pour la demander au diable, qui parfois punit sur-le-champ un imprudent désir.

Combien allèrent, à minuit, à l'embranchement de trois routes, solliciter le prix de la poule noire, qui durent s'en repentir! Le diable se présente : si l'on supporte sa vue terrible, sa conversation fantasque, il est vrai qu'il s'éloigne et laisse une somme d'argent ; si l'on fléchit, il s'élance et vous affuble d'une peau de loup-garou, peau blanche qui imite celle des chiens de montagne.

Que de fois ces loups-garoux, hôtes mystérieux de la nuit, ont tourmenté de leurs cercles muets, le paysan attardé !.. En vain il jette une pierre : la pierre frappe l'animal qui n'aboie point, qui continue sa ronde ; il tire un coup de fusil, la balle s'émousse et revient ; il pousse un cri désespéré, le loup-garou le regarde et sa voix s'éteint.

Ce chien magique a une rage spéciale contre la race canine. Rencontre-t-il un véritable chien, il se lève sur ses pattes de derrière, et, d'un fouet armé de grains de plomb, il l'enlace, puis l'écorche douloureusement.

Le loup-garou est friand. L'un d'eux avait coutume de se rendre nuitamment dans une métairie isolée, et là, découvrant les vases qui renferment le lait des troupeaux, il lappait avec une vivacité goulue. On le surprit, on lui porta sur les reins un violent coup de hache : le lendemain, il y eut un homme mort au village.

Des bergers trouvèrent, un jour, une peau blanche suspendue à un arbre. Jugeant que ce devait être l'habit de quelque sorcier qui s'en serait défait, ils allumèrent un feu de broussailles et de fougères, et y jetèrent cette peau. Mais elle commença à craquer et fit trois bonds à une hauteur prodigieuse, après quoi elle se laissa consumer.

Si l'on voit apparaître de nuit un loup-garou, il est prudent d'attendre en silence qu'il s'éloigne. Car si l'on parle, si l'on ouvre seulement la bouche, aussitôt la simple vision devient une affreuse réalité, qui se dresse et qui lutte avec l'indiscret parleur. Malheur à lui, s'il est le plus faible! Le loup-garou lui endosse sa peau, et tandis que le pauvre bavard est contraint de se mettre à quatre pattes et d'errer la nuit, sous cette forme indigne d'un honnête homme, le méchant sorcier voit finir son enchantement nocturne et se félicite d'une aventure qui lui rend désormais la forme humaine.

Etranges superstitions ! terreurs du paysan! autrefois croyance du peuple entier, de l'ouvrier, du bourgeois, du noble et du juge! Bodin cite un arrêt du parlement de Dôle, du 18 janvier 1574, qui condamne au feu Gilles Garnier, lequel ayant renoncé à Dieu et s'étant obligé par serment de ne plus servir que le diable, avait été changé en loup-garou.

Parlerai-je encore des présages que l'on tire, dans la vallée d'Argelès, du mugissement des veaux? Dirai-je comment le bûcheron des Ferrières, affligé d'une plaie douloureuse, cherche la cause de son mal en soufflant, par une corne de bouc, dans une eau qui soulève des bulles d'air? Il est vrai que, dans un mémoire dressé pour cette vallée vers la fin du dernier siècle, je trouve ces mots qui expliquent bien des choses : « Les » habitants d'Arbéost (aux Ferrières) sont » illétrés, l'ignorance et la rusticité étant » leur partage ; à peine y a-t-il quatre habi- » tants, parmi cette population, qui sachent » écrire. » J'ajouterai, à la honte de notre siècle, qu'à l'heure où je parle, le bienfait de la vaccine est à-peu-près inconnu à ces exilés de notre civilisation.

La superstition est comme ces brouillards qui rampent dans les bas-fonds, parce que la lumière n'est point venue, parce qu'elle ne les a point dissipés... brouillards épais, suffocants, méphitiques : la raison y meurt, la tête s'égare, le cœur se paralyse et le crime hideux s'arme pour des actions que le fanatisme colore d'un prétexte plausible, légitime, presque sacré. Il faut dire et redire ces choses que parfois on oublie... il faut les prouver. C'est ce que je demande à faire.

XII

Crimes contre les Sorciers.
1679—1850.

Dans l'année 1672, Louis XIV dut défendre à tous les tribunaux de son royaume d'admettre les simples accusations de sorcellerie [1].

Si la crédulité des magistrats du grand siècle avait rendu cette mesure nécessaire, qu'on juge quelle devait être, à pareille époque, la profonde superstition du peuple!

On lit dès-lors sans étonnement, dans les archives de Luz, qu'environ sept ans après la déclaration du roi, « des personnes de la » vallée de Barèges, déguisées à l'Espagnole,

1 Merlin, répertoire, au mot SORTILÉGE. — Encyclopédie, au mot SORCIERS.

» *tuèrent dix ou douze individus soupçonnés*
» *de sorcellerie.* »

Je citerai, pour l'édification des lecteurs, le passage désolant et curieux : « En 1679 et
» ez-mois de janvier et février, quelques
» particuliers sous le nom de bandins s'étant
» soulevés pour châtier et maltraiter les per-
» sonnes qu'on accusait de sortilége, les
» meurtres qui s'ensuivirent, donnèrent lieu
» au parlement de Toulouse qui en fut
» instruit, de députer M. Jean de Mua,
» conseiller audit parlement; lequel s'étant
» transporté en cette vallée, pendant un
» séjour d'environ trois mois, fit une grosse
» procédure tant contre ces particuliers,
» qu'encore contre MM. les consuls, officiers
» de justice et autres habitants; et ladite
» vallée voyant que *tout le peuple* était com-
» pris et engagé dans cette commission,
» après avoir nommé des curateurs pour
» défendre la cause audit parlement, eut
» recours à Sa Majesté, sous la protection
» de Mgr le marquis de Louvois, maître-
» d'Etat, étant alors aux bains de cette
» vallée, à la supplication duquel Sa Majesté

» voulut évoquer la cause et l'attribuer à » son grand conseil...

» Quelque temps après, Sa Majesté accorda » l'amnistie à ladite vallée, par la force de » laquelle Ramon-Jean Cumean, consul troi- » sième de Luz, fut élargi des prisons de la » conciergerie de Toulouse, où il avait été » conduit par ledit sieur de Mua, commis- » saire. L'enregistrement de laquelle amnis- » tie fut fait audit parlement, à la diligence » de Me Soupène, procureur du roi, député » de la vallée, qui fut à cet effet à Paris [1]. »

Maître Soupène fit, dit-on, pour ses commettants, amende honorable aux pieds du roi. On ajoute qu'un tableau peint à Versailles perpétua, jusqu'à la révolution, le souvenir de cette humiliante cérémonie... Cette fois, le libre et fier génie de Barèges dut ployer sous un maître justement irrité.

Il semble que la cour de Toulouse ait compris alors que l'instruction primaire

1 Extrait du registre d'Esterre, lequel avait été extrait lui-même de celui de Barèges; communiqué par l'honorable M. Couffitte, notaire à Luz.

pouvait bien ne pas être assez répandue parmi les Barégeois. Car, par un arrêt du 18 juin 1681, « elle enjoint aux consuls de » tenir un maître d'école catholique, pour » y envoyer les enfants : ledit régent sera » approuvé par l'évêque diocésain ; la rétri- » bution ne pourra excéder la somme de » cent cinquante livres [1]. »

C'était le temps où les évêques approuvaient les régents, et où le traitement de ceux-ci paraissait astreint à une loi de maximum.

D'après des explications qui suivent l'arrêt cité, je suis porté à croire qu'il n'y avait qu'un seul instituteur pour la vallée entière, même en 1717. Or, elle comptait, en 1709, plus de quatre mille habitants, formant de petits groupes, séparés le plus souvent par de grandes distances, des monts abruptes, d'horribles précipices, et l'hiver, par des neiges mouvantes.

Rendons grâces à cette révolution des idées et des choses, qui, dans toute la France et

1 Extrait cité.

jusqu'en ces lieux sauvages, a donné à chaque commune son instituteur, protégé dans sa liberté d'action, dans sa pensée, par une organisation puissante et distincte. L'avenir est dans ce corps aux mille bras, dans ce réseau serré, le seul capable d'étreindre la superstition, cette hydre éternelle, qui, après tant de défaites, lève encore çà et là une tête hideuse sous le pied de la raison frémissante.

Merlin rapporte que, le 21 novembre 1807, un malheureux mendiant fut arrêté, torturé et brûlé comme sorcier, par des habitants de l'arrondissement de Mayenne. Il y eut cinq condamnations à mort.

Je ne m'étendrai point sur ce crime, dont on trouvera les détails au mot *Sortilége*, dans le *Répertoire de Jurisprudence*, parce qu'il s'est reproduit, il y a cinq ans à peine, avec les mêmes circonstances odieuses, au sein des populations auxquelles j'ai consacré ces pages.

Le 30 avril 1850, M. le juge de paix de Vic-Bigorre, appelé précipitamment dans la commune de Pujo, se transportait au lit d'une pauvre vieille femme, brûlée, tordue, expirante. C'était, dit-il, une pitié de la voir, de voir son pauvre corps : les gendarmes avaient les larmes aux yeux. Le juge constata les plaies et procéda à son interrogatoire.

Elle dit se nommer Jeanne Bedouret, femme Larcade, âgée de 60 ans, demeurant à Camalès ; « que la veille au soir, la femme » Subervie l'avait, sous un prétexte, attirée » chez elle ; qu'elle ne trouva dans la cham- » bre que cette femme, qui l'amúsa jusqu'à » ce que son mari fût de retour du lieu où » il était allé. Celui-ci étant arrivé, on ferma » la porte, et personne n'étant dans la cham- » bre qu'eux trois, la femme Subervie com- » mença par la saisir à la gorge, en lui » disant : Misérable, il faut que tu me gué- » risses de la maladie que tu m'as donnée » par ton maléfice, sinon tu vois ces pailles » et ce bois qui sont là, nous allons en » allumer le four et t'y faire brûler vive, » jusqu'à ce que tu m'aies délivrée de mon » mal..... Que, sur ces paroles, elle leur » demanda grâce à mains jointes, en leur

» représentant qu'ils étaient dans une erreur
» profonde sur son compte ; qu'elle ne pou-
» vait rien sur eux, qu'ils ne lui fissent
» aucun mal, elle ne le méritait pas ; que,
» pendant qu'elle parlait ainsi, ils allumè-
» rent le four, et qu'une fois suffisamment
» chauffé, le mari la saisit à bras-le-corps,
» et avec l'assistance de sa femme, ils l'y
» introduisirent par les parties inférieures
» du corps et la maintinrent dans cette posi-
» tion, pendant un certain temps, en l'en-
» gageant toujours à délivrer la femme Su-
» bervie des maladies qu'elle lui avait
» données ; et qu'enfin ne pouvant obtenir
» d'elle autre chose que ce qu'elle leur
» avait déjà dit, ils formèrent le projet de
» l'introduire dans le four par la tête, la
» menaçant de l'y enfermer tout entière ; et
» mettant la menace à exécution, ils la chan-
» gèrent de position, et déjà les flammes
» dévoraient ses cheveux, quand, par ses
» gestes et ses cris qu'ils cherchaient à étouf-
» fer en lui appliquant le mouchoir de la
» tête sur la bouche, ils renoncèrent à don-
» ner suite à leur horrible action.

» Mais avant de l'abandonner, Subervie » eut encore la cruauté de lui mettre, en » travers de la bouche, l'extrémité en- » flammée de la barre qui avait servi à » attiser le feu dans le four, ce qui lui » avait fait les brûlures que nous aperce- » vions sur les côtés de sa bouche. — Après » cela, ils la laissèrent sortir, en lui disant : » Va, tu seras damnée... — Une fois dehors, » la frayeur qu'elle avait éprouvée était si » grande, qu'elle n'osa pas rentrer chez elle » où cependant son mari était, dans son lit, » moribond, et elle se traîna, comme elle » put, dans la maison où nous la voyions [1]. »

Le juge de paix interrogea ensuite les meurtriers.

« Ayant demandé à Subervie s'il croyait » aux sorcières, il m'a répondu avec une » grande assurance : Oui, j'y crois, et vous » aussi, monsieur, si vous voulez dire la » vérité. — Lui ayant fait à ce sujet la ré- » ponse qu'il méritait, il a alors ajouté : » Comment ne voulez-vous pas que j'y croie,

1 Procès-verbal du juge de paix de Vic-Bigorre.

» puisque j'ai vu cinq sorcières de mes pro-
» pres yeux, quand j'étais à Sombrun : je
» les surpris et elles disparurent comme des
» feux-follets... Une autre fois encore, étant
» à Labatut, une vache fut malade ; le maître
» attribuait cette maladie au maléfice qu'une
» femme avait exercé sur l'animal. Eh ! bien,
» on fit brûler cette femme et la vache fut
» guérie, et jamais plus il n'y eut de ma-
» ladie dans cette maison [1]. »

Le 1er mai, M. le juge d'instruction près le tribunal civil de Tarbes se transportait, à son tour, à Pujo, et renouvelait l'interrogatoire de l'infortunée Jeanne Bedouret. Elle ajouta à ce qu'elle avait dit précédemment : « Il n'existait aucune inimitié entre
» les époux Subervie et moi, ils m'avaient
» même quelquefois employée pour couper
» du blé... Mais le soir, lorsqu'on chauffait
» le four, la femme Subervie m'accusait de
» lui avoir donné un mal, et ajoutait que
» c'était un prêtre qui le lui avait dit [2]. »

1 Lettre du juge de paix de Vic-Bigorre au procureur de la république. (30 avril.)

2 Tiré de l'information.

Il résulte de plusieurs dépositions que la femme Bedouret passait généralement pour sorcière. C'est à ce titre seulement, et en vertu des détestables croyances que je signale, qu'elle fut brûlée par les époux Subervie, lesquels étaient alors et sont encore aujourd'hui, superstition à part, de très braves gens.

Aussi, M. le juge de paix de Vic-Bigorre écrivait-il le même 1er mai, à M. le procureur de la république près le tribunal de Tarbes : « Cependant, je vous dirai que, » malgré leur horrible action, ils sont dignes » de pitié ; ce sont de *très braves gens*, qui » ont été victimes de leur profonde igno» rance. »

Cette appréciation de M. le juge de paix est confirmée par les notes officielles, desquelles il résulte que les époux Subervie, âgés l'un et l'autre de plus de cinquante ans, avaient mené jusqu'alors une vie exempte d'oisiveté et de reproches, que le mari s'occupait de son bien, la femme, de ses quatre enfants et de son ménage, qu'ils appartenaient tous deux à des familles offrant des garanties, enfin que ce que l'on pouvait dire de pis, c'est qu'ils ne savaient absolument ni lire ni écrire [1].

Jeanne Bedouret succomba le 5 mai.

Ses meurtriers comparurent, le 4 juin, devant les assises de Tarbes.

Subervie confessa qu'il avait mis Jeanne Bedouret dans un four, mais c'était par pitié pour sa femme, par grand amour pour elle, et pour lui rendre la santé. Il ne voyait dans la fin déplorable de sa victime, qu'une chose, le monde et sa famille délivrés d'une sorcière : « Ah! s'écria-t-il, si elle était » morte depuis longtemps, ma femme n'au- » rait jamais été malade ! [2] »

Jeanne Subervie dit à son tour : « J'avais » une fille âgée de 13 ans; une fois, elle » rencontra la femme Bedouret, qui lui » donna une pomme; elle eut le malheur » de la manger, et depuis ce jour, elle eut » les lèvres enflées; cela dura quatre mois...

1 Tiré des notices.

2 Ceci et le reste tiré du compte-rendu des débats, dans le numéro du journal de Tarbes (La République), du 6 juin 1850.

» Tous les médecins échouèrent... mais je
» fis dire deux messes, et elle guérit. — Une
» autre fois, Jeanne Bedouret vint chez moi ;
» nous avions alors une magnifique vache,
» la plus belle que nous ayons jamais eue :
» Ah ! la superbe vache ! s'écria la femme
» Bedouret... Le lendemain, cette vache était
» morte. »

Ainsi, dans la croyance de ces malheureux, Jeanne Bedouret était leur plus cruelle ennemie, l'ennemie de leur santé, de leurs enfants, de leur bétail, de leur bien-être et de leur vie. Elle était sorcière, et par suite, hors de l'humanité. On pouvait la frapper sans scrupule. En la frappant, ils châtiaient le diable, ils faisaient presque une œuvre pie ; ce funeste point de vue ne leur était nullement particulier. — Un roulier de Camalès, interrogé : « Si vous soupçonniez
» une femme d'être sorcière, la mettriez-
» vous dans un four chaud ? » répond : « Je
» ne sais pas, peut-être... Je réfléchirais
» d'abord, puis je verrais... »

Cette audience constata une superstition aveugle, violente, très répandue... une superstition qui rend l'homme insensible, qui le rend sourd, féroce. On crut entendre encore les cris de la victime, quand le président ému, ayant demandé à un témoin : « Jeanne souffrait beaucoup, n'est-ce pas ? » celui-ci répondit : « Oh! oui, monsieur ; » elle criait la nuit : Va chercher une hache » et coupe-moi les pieds... Oh! les pieds, les » pieds!.. Mon Dieu! j'y ai le feu... »

Cependant, l'adjoint au maire de Pujo vint certifier une chose déjà acquise, la bonne moralité des accusés.

La défense put alléguer que la sorcellerie était autrefois regardée comme un crime et punie par le supplice du feu. Des parlements brûlaient, d'autres ne brûlaient pas. Le père Malebranche déclare, dans la *Recherche de la Vérité* [1], que « les vrais sorciers méri» tent sans doute la mort. » L'ignorance de ces paysans, qui conservent de nos jours une opinion qui fut celle de la France, en d'autres temps, sera-t-elle sans excuse?. .

1 Livre III, chap. VII. — L'Encyclopédie, au mot SORCIERS, donne le passage entier.

Sur cette thèse, la défense était forte, et elle fut éloquente. Le jury écarta les circonstances aggravantes, et l'arrêt de la Cour condamna les époux Subervie à quatre mois d'emprisonnement et à fournir au mari de la victime une pension viagère de 25 francs par an.

Ils sortirent de l'audience, furent en prison et crurent plus que jamais aux sorciers.

XIII

La Légende continue. — Les Possédés.

On trouvera bon que je considère ces graves malheurs, ces grands crimes, comme la manifestation douloureuse, décisive, du malaise des âmes et d'un état de souffrance secrète que la superstition entretient dans la société des campagnes. En présence de cette vérité démontrée de toutes manières à mes yeux, et dont j'espère avoir fait passer la conviction dans l'esprit du lecteur, il me reste à proscrire, avec plus de force que jamais, toutes les fables sincères ou calculées qui abusent des imaginations ardentes.

Ce n'était pas sans doute avec une pensée aussi tranchée que j'abordai, pour la première fois, la légende pyrénéenne, et l'on trouvera des traces de cette indécision dans les récits par lesquels je clorai définitivement ces pages. Je vais reproduire, en effet, certaines légendes qui ont déjà paru dans la presse quotidienne, mais qu'il m'importe de reprendre dans cette étude complète, parce que, d'une part, elles ont le triste mérite d'être les dernières en date, et que, de l'autre, elles touchent à un sujet que je n'ai point traité encore : la *Possession.*

Ce fertile sujet ne s'offre pas sans des difficultés sérieuses. L'Église croit à la possession ; elle y croit, en vertu de cette logique qui fut sa force, son immense supériorité dans le monde chrétien. Tant de possédés délivrés par miracle, au témoignage de l'Écriture, la mission donnée par Jésus-Christ à ses disciples : « Vous chasserez les » démons en mon nom... » fixent le dogme irrévocablement. Le *Rituel Auscitain*, à l'usage du diocèse de Tarbes, traitant des exorcismes, dit en propres termes : « On doit » reconnaître que non seulement il peut y » avoir, mais qu'il y a même quelquefois » des personnes qui sont véritablement pos» sédées des esprits malins. »

L'Église croit donc à la possession, mais elle n'y croit pas facilement. Écartant les marques douteuses, elle ne s'attache qu'aux marques infaillibles. Je ne saurais mieux faire que de citer : « L'insensibilité dans » quelque partie du corps, les contorsions » des membres, le roulement des yeux, l'ex- » tension de la langue, l'enflure de la gorge » ou du ventre, les cris effroyables et d'au- » tres actions semblables, ne convainquent » pas absolument que quelqu'un soit pos- » sédé... » Un peu après : « Les marques les » plus ordinaires par lesquelles l'Église a » coutume de juger qu'une personne, tour- » mentée de l'esprit malin, en est véritable- » ment possédée, sont si elle déclare les » choses secrètes, si elle découvre ce qui se » passe dans l'imagination des autres et ce » qui se fait dans les lieux éloignés, si elle » entend les langues qui lui étaient incon- » nues, si elle parle des sciences qu'elle n'a » jamais apprises, si son corps est suspendu » quelque temps en l'air, si elle fait des » efforts ou des actions qui surpassent les » forces naturelles, etc... Ces effets et autres

» semblables, surtout s'ils sont en grand » nombre dans une même personne, doivent » être regardés comme des preuves d'une » véritable possession. »

Ces preuves sont encore soumises au jugement de l'évêque, qui examine et qui prononce. Il n'appartient qu'à lui d'ordonner l'exorcisme. A cet effet, il délègue un prêtre dont il règle toutes les démarches.

L'impression qui résulte de l'instruction entière, est celle de la plus grande circonspection, de la prudence la plus consommée.

La conduite du prêtre-exorciste est tracée pas-à-pas.

Mis en présence du possédé, « il doit » commander au démon de dire son nom... » s'il y a plusieurs autres démons avec lui... » s'il est retenu dans ce corps par art magi- » que et par quelques charmes et instru- » ments de maléfice... »

Remarquons ceci : « Si le diable, comme » il arrive quelquefois, dit de son propre » mouvement que c'est par des maléfices » qu'il est entré dans ce corps, *qu'il nomme* » *les personnes* qui les ont donnés.... l'exor-

» ciste ne doit pas l'en croire facilement sur » sa parole... »

On voit par là que le prêtre est tenu d'accueillir avec réserve, de la bouche du démon, c'est-à-dire de celle du possédé que le démon inspire, le nom des auteurs des maléfices.

En somme, l'Église apporte dans cette matière délicate une sagesse, une mesure telle que, si ses ordonnances sont fidèlement suivies, il n'en peut guère sortir aucun danger.

Mais une doctrine modérée au sein d'un clergé instruit, devient violente parmi d'ignorants habitants des montagnes. Toujours la possession présumée est attribuée au sortilége d'une personne, et il en résulte pour celle-ci une défaveur, une malveillance, des procédés tels (sans parler des excès qui peuvent suivre) que ni vous, lecteur, ni moi, ne voudrions assurément nous voir à la place de cette infortunée victime des superstitions populaires.

Ces précautions prises et le danger marqué, revenons à cette poésie spéciale, qui découle comme un fleuve des évènements de l'ordre surnaturel.

J'écrivais, le 5 octobre 1854, dans l'*Echo des Vallées*, journal pyrénéen :

« Les légendes, chassées de l'Ecosse avec les derniers Highlanders, et des bords du Rhin par le mouvement des armées européennes, semblent s'être réfugiées dans les Pyrénées, où elles ont encore une vitalité puissante. Ce ne sont pas seulement des récits du moyen-âge, qui ont traversé le temps dans la mémoire des peuples ; ce sont des histoires contemporaines, plus ou moins étranges, dont les héros existent et avec lesquels tout voyageur curieux peut converser, s'il lui plaît. Comme une preuve de ce que j'avance, j'aime à rapporter, dans leur naïveté extrême, deux miracles qui me furent contés récemment dans l'une des vallées les plus inconnues et les plus négligées de la Bigorre, la vallée de Ferrières.

» Une jeune fille dépérissait ; victime du maléfice d'une sorcière, sa langue, démesurément allongée, pendait sur sa poitrine et défigurait sa beauté naissante. Grande, svelte et pâle, ses yeux noirs allumés d'un feu sombre, elle ployait sous l'influence magique, comme une jeune plante atteinte de la nielle. Nul remède ne venait à bout d'un mal inconnu; les médecins y perdaient le peu de latin qu'ils savent dans ces pays lointains, où la latinité n'arrive même pas. Elle succombait lentement, comme rongée par une secrète blessure; elle mourait. Alors on lui fit entreprendre le voyage de Jacca, en Aragon, et elle fut conduite à la procession de la célèbre et bienfaisante Ste-Oroise : la langue de la jeune fille se raccourcit à vue d'œil et rentra dans sa place légitime, sa taille penchée se redressa doucement, son teint s'éclaircit : de pâle il devint blanc, avec quelques roses; ses yeux ne brillèrent plus que de l'éclat tempéré d'une sage jeunesse; et, témoins de ce miracle, voyant se relever la frêle plante, les caressantes paroles des jeunes hommes allèrent à elle comme la brise qui joue sur le roseau quitté d'un furieux et sauvage aquilon.

» Un enfant de la même vallée avait été

touché par le malicieux regard de la même sorcière. Il était pour lors en pension au lieu très saint de Bétharam. On ne sait (lui-même l'ignore) comment cet innocent fut tout d'un coup transporté dans une forêt voisine de Pau. Ce qui est sûr, c'est qu'il ouvrit les yeux comme sortant d'un profond sommeil, et pensa avoir dormi en promenade. Quelqu'un venant à passer, il demanda le chemin de sa pension, sur quoi on lui rit au nez, parce qu'il en était fort loin, et l'on crut qu'il avait fait une école buissonnière. Cependant il obtint assez de lumières sur l'endroit où il se trouvait, pour s'orienter et revenir à Bétharam, où il raconta son aventure, dont on fut bien surpris, et l'on ordonna des prières. Mais l'enfant ne fut jamais bien depuis lors : il lui prenait de furieux accès, sa bouche écumait, ses yeux sanglants roulaient dans leur orbite; il se tordait sur le sol ou tombait sans connaissance : on le crut atteint du *mal de terre* ou mal caduc, et les médecins le traitèrent comme s'il avait effectivement cette maladie : mais, loin de décroître, les accès ne firent que se multiplier et devenir plus redoutables.

» Alors son père reçut le conseil de le mener à Jacca, et le père et le fils se transportèrent dans cette ville espagnole. Chaque jour, l'enfant était introduit dans l'église par la piété paternelle : mais à peine se voyait-il en présence des reliques de Ste-Oroise, dont le corps, à l'exception de la tête, est entièrement conservé, que, victime de l'enchantement, il poussait des cris affreux, jetait une salive écumante au visage de ceux qui l'environnaient et jusque sur le saint autel, et exhalait d'immondes blasphêmes, au point de donner à la sainte le nom que l'on jette à la face des filles perdues. On ne pouvait qu'à grand'peine le maintenir dans le temple : cinq ou six vigoureux espagnols le contenaient avec effort ; et, chose étrange! cet enfant qui n'avait jamais ouï prononcer un mot d'espagnol, se prit tout d'un coup à le parler avec facilité, mais pour mieux insulter ceux qui employaient la force contre lui : il s'adressa même en latin aux prêtres, et les injuria grossièrement, bien que correctement, dans cette langue; ce qui est plus extraordinaire encore, il conversa en basque avec des hommes de ce pays (car il en vient là de tous les pays du monde), et les épouvanta par d'horribles blasphêmes exprimés dans le meilleur dialecte de leur contrée. Le pauvre père, stupéfait et honteux que le démon accordât si manifestement à son fils le don des langues pour en faire ce scandaleux abus, ne savait que penser et pria plus ardemment que jamais la bienheureuse Ste-Oroise d'opérer un miracle.

» Un matin que l'on découvrait les reliques aux yeux du peuple avec plus de pompe qu'à l'ordinaire, et que le jeune Ferrarais était agenouillé et retenu par la force au pied de la très sainte châsse, tout d'un coup la résistance qu'il avait jusqu'alors opposée à ses vrais amis, cessa; son visage perdit l'expression de la rage et d'une aveugle fureur; son regard halluciné devint doux et humble, et se dirigea vers le ciel avec une angélique piété : les mains qui le serraient encore, lâchèrent prise; abandonné à lui-même, l'enfant qui était jusque là demeuré en convulsion, comme un diablotin léché de toutes les flammes de l'enfer, sembla un chérubin transporté au paradis. En même temps, on vit une chose étrange et irréfragable cependant, car elle est consignée dans les archives de la sainte : l'un des brodequins qui serraient le pied et la partie inférieure de la jambe de l'enfant, se détacha de lui-même et l'enfant demeura déchaussé d'un pied. On ne sait si le démon le quitta par le talon ; mais la chose parut si probable et éclata si bien aux yeux des personnes présentes, qu'on convint de déposer le brodequin dans l'une des précieuses armoires de la sacristie, en témoignage de la miraculeuse conclusion d'une possession si épouvantable, et dont toutes les traces ont entièrement disparu.

» Depuis ce dévot pélerinage, il est, en effet, avéré que le jeune Ferrarais n'eut plus aucune sorte d'accès, qu'il n'écuma, ni ne hurla, ni ne roula des yeux sanglants, ni ne se tordit à terre, ni n'exhala d'immondes blasphêmes. Je l'ai vu, ainsi que la jeune fille, dont la guérison merveilleuse fait encore, tous les jours, le sujet des conversations pieuses du pays. »

Le même journal qui avait accueilli les lignes qui précèdent, ouvrit ses colonnes, le 23 novembre 1854, aux lignes qui suivent :

« J'ai signalé la persistance de l'esprit de légende dans les grandes Pyrénées. Il ne m'est point donné de juger ces tendances, au point de vue de la raison pure et du progrès : j'en dirai ailleurs, et quand je pourrai, mon sentiment. Simple narrateur, quant à présent, je me borne à reproduire avec fidélité ce que je vois à travers le prisme de l'imagination populaire. C'est ainsi que j'ai conté le miracle de Jacca, sur la foi des habitants d'Arbéost. C'est ainsi que je vais essayer un récit qu'on m'a fait dans le majestueux silence de la vallée d'Azun.

» Il y a deux ans à peine qu'un jeune berger d'Arrens donna au village entier un spectacle fort extraordinaire. Il avait coutume de paître son troupeau dans la *bat* ou gorge voisine, en compagnie d'un autre berger de son âge. Un matin, il aborde son camarade d'un air si nouveau et avec un regard si singulier, que celui-ci en demeura surpris. Il conduisait, avec des rubans de soie, deux agneaux d'une éblouissante blancheur, et il le pria d'en prendre un avec lui et de le faire pacager : « Je me charge » de l'autre, dit-il. Ce sont les présents » d'un jeune homme d'une grande beauté, » qui vint à moi ce matin, au petit jour, » et qui me remit aussi un livre, dont les » caractères me sont inconnus, mais qui » jetait un si vif éclat, que je le reçus en » tressaillant de joie. »

» Il paraît que les deux bergers se séparèrent alors, chacun devant pourvoir à son troupeau ; mais on juge bien que celui dont on tient cette relation ne perdait pas de vue son compagnon. Il le vit d'abord promener sur l'herbe le bel agneau blanc ; mais, comme la bête, soit peur, soit enchantement, ne broutait en aucune manière, son pasteur la saisit par la tête et voulut l'obliger de manger contre son gré : ce qui ne s'était jamais vu de mémoire de pasteur, parce que chacun sait combien l'espèce ovine est délicate, répugne à l'emploi de la force et demande au contraire les plus doux ménagements.

» Tandis que le spectateur de cette scène était absorbé dans la contemplation d'une action si extravagante, il vint tout d'un coup à songer à l'agneau qui lui était confié, et regardant vainement autour de lui, il s'aperçut, avec un commencement de frisson, qu'il avait disparu. Quand il reporta son attention sur son camarade, celui-ci empoignait encore son agneau, et comme transporté de fureur à cause de son indocilité, il le jetait dans un précipice profond : puis, avec une grande rapidité, il tira de sa poche un livre, et il le lança dans le même abîme; enfin, il se précipita lui-même, avant que l'autre berger qui était éloigné eût eu le temps de le prévenir.

» Effaré, celui-ci abandonna son troupeau et courut annoncer au village l'affreux malheur dont il venait d'être le témoin. Toute la paroisse sortit alors, le curé en tête, se doutant de quelque maléfice. On fut au bas du gouffre, et là où l'on croyait avoir à ramasser un cadavre, on ne vit rien, ni l'agneau, ni le livre, ni l'homme. L'homme était resté en chemin, à demi distance du fond, et, perché sur un seul pied, il se tenait parfaitement en équilibre à la pointe saillante d'un roc, et grimaçait comme un possédé.

» Quelque invraisemblable que parût être la réalité d'une pareille posture, et quoique l'on pût croire à une simple illusion des sens, comme il était singulier que tout le village partageât cette illusion, le curé jugea à propos de réciter aussitôt les prières que l'Église oppose aux conjurations du diable. En même temps, il adressa la parole au berger, l'invitant à considérer qu'il était suspendu sur le vide, et il le supplia de prier Dieu pour le salut de son âme, et de faire au moins un acte de contrition par rapport à ses péchés. Puis, comme il le voyait clairement en péril extrême, il lui donna de loin, à tout événement, l'absolution.

» Mais le malheureux, qui envisageait toutes les actions de son pasteur et qui entendait à merveille ses injonctions, y répondit par une indignité : car il lui tourna le dos (je dis le dos par politesse), et fit postérieurement un signe de croix, qui souleva une grande clameur parmi les paroissiens, comprimée par la peur du diable : car on commençait à voir manifestement le doigt du malin dans cette aventure.

» Alors le curé ne se découragea point, et laissant de côté les arguments divins, qui s'émoussaient sur cette âme devenue plus dure que le roc même, il représenta au berger qu'il eût à essayer de sortir de ce mauvais pas, comme il pourrait, et qu'il s'aidât des pieds et des mains pour regagner le plateau d'où il était tombé.

» La scène se prolongeait, et, à l'immense surprise du peuple, le berger demeurait toujours, comme la grue, sur un pied, sans qu'il donnât aucune marque de fatigue.

» Alors, le curé lui cria encore que, s'il voulait rester en ce lieu, il songeât du moins à s'y procurer des vivres et quelque boisson. A quoi l'infâme riposta en arrachant une poignée d'herbes, qu'il porta à sa bouche, et en feignant de recevoir dans sa main un liquide que les chiens même, ce modèle des cyniques, dérobent aux yeux des hommes.

» Ce dernier trait d'impudeur ne laissa plus de doute sur l'existence d'un maléfice, et comme les paroissiens se regardaient avec stupeur, il se fit un bruit sourd : c'était celui d'un corps qui tombe. En effet, le berger était gisant au fond du précipice.

» Ce ne fut qu'un cri : « Il est mort ! » On ne tombe pas de si haut sans se tuer, pensaient les braves gens ; il doit être mort... donc il est mort. Sur la foi de cette logique, on harponna sans nulle précaution l'infortuné jeune homme, on le traîna hors du précipice, et on le ramenait ainsi au village, quand un chirurgien qui passait par hasard, s'informa de l'accident qui causait ce concours inusité. Quand il sut qu'il s'agissait d'un homme, il supplia qu'on lui remît le corps : il voulait essayer de le rappeler à la vie, il voulait épuiser sur lui toutes les ressources que donne en pareil cas le grand art médical.

» On lui disait : « Passez votre chemin : tout » art est inutile. On ne revient pas de si loin » ni de si haut, quand on tombe : cet hom» me est mort. » Il ne voulut point le croire, et, arrachant le prétendu cadavre des mains de ses porteurs, il le déposa en lieu sûr.

» Là, il suffit de savoir que le berger fut réintégré peu à peu dans la vie, et qu'il se remit avec le temps des suites de sa chute et d'un mal que le chirurgien nommait un accès de fièvre chaude. Pendant sa longue convalescence, tous les prêtres de la vallée furent le voir. Il ne pouvait les regarder sans colère, vomissait des injures et crachait sur leurs robes noires. Mais il montrait une affection particulière et une tendre reconnaissance pour le médecin qui l'avait sauvé. Un si fâcheux contraste ne put être expliqué par des causes naturelles ni à l'honneur de la science. Le diable parut jusqu'au bout dans cette aventure du berger d'Azun, qui, même après sa guérison, conserve un œil hagard. »

XIV

Deux Lettres et une Réponse.

Après cette longue investigation dans les croyances populaires des Pyrénées, je dirai à ceux qui m'ont suivi jusqu'à cette page : J'ai mis sous vos yeux, avec une consciencieuse fidélité, les pièces du procès que la raison intente à des superstitions très souvent poétiques, par cela même séduisantes, quelquefois cruelles, impitoyables... Je dois rendre cet hommage à la population de l'ancienne Bigorre, qu'une douceur naturelle et générale, incroyable chez des hommes qui mènent une vie sauvage, difficile, isolée, la préserve ordinairement des entraînements haïssables d'un bizarre fanatisme, et que, quand des crimes tels que ceux que j'ai décrits avec vérité, se perpétuent, il faut en accuser non les hommes, mais les doctrines... L'épouvantable meurtre de Camalès s'accomplit : les meurtriers sont excusables, innocents presque; ils commettent sans crime une action criminelle!... Mais que dire alors de la fausse doctrine qui, hommes, les fait sortir ainsi de notre humanité?.. De quelles justes et sévères expressions faut-il flétrir leur croyance funeste, leur conviction qui est certainement encore celle d'une masse d'hommes difficile à évaluer avec justesse, mais que je sais très considérable : et sans cela eussé-je parlé?

A coup sûr, tout lecteur désintéressé dans ces questions, joindra sa réprobation à la mienne. Ne pouvant plus conserver aucun doute sur la gravité des erreurs qui circulent dans les régions infimes de la pensée aux Pyrénées, il se demandera seulement comment ces erreurs naissent, se propagent, comment elles se consolident. C'est un dernier problème à résoudre, une analyse suprême que je chercherais à faire, si une polémique inattendue ne m'en épargnait entièrement le souci.

On va voir, en effet, que la légende d'Azun, publiée à la fin de l'an dernier, ayant rencontré, dans deux prêtres de cette vallée, deux contradicteurs, il résulte de leurs lettres que je réimprime, avec ma réponse, un enseignement précis, complet, énergique, en présence duquel je ne saurais dire ni mieux, ni plus.

Avec un peu d'attention, on trouvera dans la lettre de M. le curé d'Arrens, le fait simple, dénué d'ornements fabuleux, qui est le canevas sur lequel le peuple a brodé la légende. On apprendra, dans la lettre de M. l'abbé Cousté, comment il arrive que la logique outrée d'un système consacre comme une vérité ce qui n'est qu'une fable populaire, et proclame un miracle là où il n'y a point de miracle. En sorte que, par un accident heureux sous ce rapport, le lecteur sera instruit par trois voix, au lieu d'une, de cette chose qui ne manque pas d'intérêt : *Comment une légende se forme et se consacre.*

Je laisse à la sagesse de chacun à tirer toutes les conclusions de cette dernière partie du livre. Il ne m'appartient pas d'ajouter une ligne aux trois lettres qui forment une polémique close. Il ne m'appartient pas de m'ouvrir, dans ce sujet, une tribune où j'aurais seul la parole.

Pour dernier mot, je n'ai pas besoin de me défendre de l'idée de réveiller de petites querelles assoupies. Peu importe que MM. les abbés Cousté et Larramiau se soient un instant trouvés en désaccord avec moi et entr'eux. Trois personnalités disparaissent dans l'amplitude des questions que je soulève. Et lorsque l'avenir se trouve intéressé dans un débat d'où peut jaillir quelque lumière, je me dois à moi-même, comme je dois au peuple, de ne pas l'ensevelir dans une nuit inutile.

Lettre de M. Cousté, prêtre, professeur d'histoire au collége d'Aire, à M. le rédacteur de l'Echo des Vallées.

« Aire, le 26 novembre 1854.

» MONSIEUR,

» Je viens de lire dans les colonnes de votre intéressant journal le récit d'un événement qui a produit la plus vive sensation dans la vallée d'Azun, où il s'est accompli. Je dois le dire, l'honorable M. Cordier a été mal renseigné ou ses souvenirs ne l'ont pas bien servi. Par amour pour mon pays natal et pour mes compatriotes qu'on semble présenter sous un jour peu avantageux, par zèle pour ma religion qu'on paraît vouloir réduire à un système de philosophie en soumettant ses croyances à l'examen de la *raison pure* et du *progrès*, par respect, par attachement pour un digne ecclésiastique qu'on met indignement sur la scène, je me crois obligé à vous adresser quelques observations. J'espère ne pas trop présumer de votre obligeance et de votre impartialité en vous priant de les faire paraître sur votre plus prochain numéro.

» Les habitants de la riante vallée d'Azun, d'un caractère franc et ouvert, de mœurs simples et encore quelque peu patriarchales, ne sont pas pourtant de ceux qui croient sur parole les événements les plus extraordinaires, qui acceptent une légende avec d'autant plus de facilité qu'elle paraît plus merveilleuse. Avant de donner leur adhésion, ils veulent étudier, examiner, se convaincre par des témoignages dignes de foi. Lorsqu'ils sont parvenus à les trouver, ces témoignages; lorsqu'ils ont réuni des preuves, des motifs de crédibilité suffisants, alors, il est vrai, ils acceptent le fait quel qu'il soit. Et s'il porte l'empreinte d'une main surhumaine, si, pour s'en rendre compte, pour en trouver la cause, il faut sortir de l'ordre naturel et sensible, recourir à un principe surnaturel et caché, à Dieu ou à tel ange déchu qui, par une permission divine, conserve une certaine action sur la nature, ils ne balancent pas, ils proclament leur intervention. Qu'y faire? Passons-leur cette faiblesse de croire que Dieu est assez bon pour se mêler encore des créatures qu'il a placées dans le monde, assez puissant pour suspendre un moment le cours des lois qu'ils a établies. Et pour le démon, ce sont, si vous voulez, les prêtres qui, en l'épurant toutefois, ont entretenu chez eux cette croyance, croyance de tous les peuples à toutes les époques. C'est pourtant, avouons-le tout bas, un terrible préjugé en leur faveur que cet accord unanime de tous les siècles.

» Mais arrivons au fait. Tel qu'il est raconté, il ne présente rien de bien extraordinaire : tout se réduirait à *une fièvre chaude* et se terminerait par une *opération chirurgicale*. Voici la vérité en substance et sans aucun détail... Les deux bergers, que je connais et que nous appellerons Pierre et Joseph, si vous voulez, étaient arrivés sur le bord d'un affreux précipice. Dans cet endroit, la montagne laisse percer sa charpente de pierre. C'est une roche presque perpendiculaire, dénuée de toute végétation et qui de loin, lorsqu'elle réfléchit les rayons du soleil, ressemble à un manteau de glace que l'hiver y aurait oublié. Pierre, vivement impressionné par tout ce qu'il avait vu jusqu'alors, n'osait quitter un moment son effrayant compagnon. Celui-ci se tournant tout-à-coup vers lui : « Les vaches, lui dit-il, » arrivent à un tel endroit... Si elles font un » pas de plus, elles sont perdues. » Il désignait un passage dangereux et dont *la vue leur était dérobée par un de ces accidents de terrain assez fréquents dans nos montagnes.* Pierre y court en toute hâte : *la première vache allait s'engager dans ce mauvais pas lorsqu'il arrive.*

» Il revient vers son malheureux compagnon ; il ne le trouve plus à la même place, mais il le voit arrêté au pied d'une roche, suspendu sur le grand précipice. Prières, exhortations, tous ces pressants discours qu'on trouve dans une semblable conjoncture, ne firent aucune impression sur l'esprit égaré de Joseph. Malgré le désespoir de son infortuné camarade, il s'obstine à rester ainsi suspendu sur le vide. On a su par d'autres témoins qui l'ont vu de la rive droite du gave, de l'autre côté de la vallée, que Joseph, pendant la courte absence de Pierre, *s'était lancé dans le précipice et avait ensuite remonté la roche nue et escarpée* jusqu'à l'endroit où il se trouvait alors.

» La nouvelle arriva au village. C'était au moment où l'on sortait de vêpres. La foule court, se précipite ; on se presse dans l'unique chemin qui conduit au théâtre où se jouait cette scène épouvantable. M. le curé d'Arrens s'y rendit aussi, non pas à la tête de la paroisse, mais avec les personnes qu'il rencontra sur la route, devancé par les uns, suivi par les autres ; non pas le rituel à la main, l'étole sur la poitrine, pour aller conjurer un énergumène, mais la prière dans le cœur et pour porter les secours de son ministère à un paroissien en danger. Ni alors ni depuis, personne ne lui a entendu dire qu'il crût à une possession. Notre pasteur s'est tenu sur la plus grande réserve. Il trouva le malheureux jeune homme dans la position dont je viens de parler, suspendu sur le précipice, s'accrochant d'une main à une touffe d'herbes longues et desséchées, répondant par d'horribles blasphêmes à tout ce qu'on put lui dire.

» Il n'est pas vrai que M. le curé d'Arrens ait récité alors les prières que l'Eglise applique aux démoniaques ; il n'est pas vrai qu'il ait fait des conjurations et des exorcismes.

» Sachant qu'il est très difficile de s'assurer de l'existence de la possession, très facile au contraire de confondre cette opération du démon avec certaines maladies, lorsqu'on ne trouve pas les *marques infaillibles;* sachant que l'ignorance, la légèreté ou une trop grande précipitation pourraient entraîner à des démarches imprudentes, l'Eglise, dans sa haute sagesse, ne permet pas qu'un simple prêtre, de son autorité privée, pratique les exorcismes. C'est au premier pasteur du diocèse à juger de leur nécessité et à déléguer des ministres. M. le Curé d'Arrens est trop éclairé pour ignorer ce point de la discipline ecclésiastique; il sait que si, en vertu de la sainte ordination, il a reçu le pouvoir d'exorciste, ce pouvoir il ne peut licitement l'exercer que par délégation spéciale.

» Dans un danger si pressant et si épouvantable, ayant peu à espérer des secours humains, ce respectable ecclésiastique se tourna vers Dieu et sa divine Mère. Nous avons nous aussi, prêtres, comme le peuple, au milieu duquel Dieu nous a ramassés, la simplicité de croire à l'efficacité de la prière. Oui, nous croyons, mais fermement, que Dieu ne dédaigne pas d'écouter les supplications de ceux qu'il n'a pas dédaigné de créer, qu'il peut les entendre, qu'il veut que nous les lui présentions, et qu'en les exauçant il ne change rien à ses immuables décrets. Tout le peuple se prosterne autour de son pasteur, et de tous ces cœurs déchirés par la désolation, il s'échappe une même prière, prière brûlante que les anges durent recueillir pour la présenter à Dieu dans leurs coupes d'or.

» On touchait au dénouement. Déjà, à plusieurs reprises, on avait tâché de descendre auprès du pauvre Joseph, pour l'arracher, malgré lui, à une mort imminente. Toujours on avait reculé devant cette parole : Un pas de plus, et je me précipite. Et en disant cela, le berger disparaissait sous la crête du roc, ne se retenant qu'à une poignée d'herbes. La nuit tombait et on n'était pas plus avancé... Un jeune homme s'attache fortement avec une corde, et tandis qu'on attire l'attention de Joseph d'un autre côté, il s'avance furtivement et sans bruit pour le saisir. Déjà il étendait le bras, sa main s'ouvrait... « Ah ! dit Joseph *sans se* » *détourner,* vous n'avez pas voulu me » croire? » On n'entendit plus que le bruit mat d'un corps qui bondissait sur le rocher. Bientôt on s'approche et on trouve sur un lit de pierres tranchantes un corps sans mouvement; c'était celui de Joseph. Du reste, pas la moindre contusion, la plus légère blessure. Une petite écorchure, qu'on remarqua plus tard sur le visage, fut faite par les pierres sur lesquelles on le traîna sans prendre assez de précautions.

» Le jeune homme est assez bien rétabli; je l'ai vu, je lui ai parlé, nos habitations sont voisines. Je ne conteste pas l'efficacité des soins qu'on lui a donnés, l'opportunité et l'utilité de toutes les opérations de la médecine et de la chirurgie qu'on a pratiquées; mais ce que je sais, c'est que le pauvre Joseph n'a commencé à sentir un mieux sensible, n'a consenti à prendre quelque nourriture qu'au jour et à l'heure où son père faisait une aumône à la chapelle d'Arrens, circonstance omise par M. Cordier et que j'affirme sur ma conscience. Alors il s'est réveillé comme d'un profond sommeil, calme et tranquille, demandant à manger, s'informant de son père qu'il poursuivait durant l'accès de ses imprécations et de ses menaces, et approuvant la démarche que le père faisait en ce moment.

» Si le peuple a cru que ce jeune homme était *peut-être* possédé, ce n'est pas parce qu'il crachait sur la *robe noire* du prêtre. Bien d'autres avant lui et après lui ont craché sur cette *robe noire*, bien d'autres l'ont couverte de boue et d'ordures, bien d'autres l'ont déchirée, et on ne les a pas soumis aux exorcismes. Ils avaient un *accès de fièvre chaude*, et on les laissait faire.

» Mais lorsqu'on a vu ce jeune homme se précipiter d'une hauteur prodigieuse, *gravir avec ses sabots* le plan lisse et raide d'une roche escarpée, lorsqu'on l'a vu se lancer une seconde fois dans le précipice, tomber sur des éclats de pierres qui couvraient la base du rocher, sans éprouver la moindre contusion, sans se faire une écorchure; lorsqu'on a vu toutes ces choses, et bien d'autres que je ne rapporte pas, alors on a commencé à croire qu'il y avait du surnaturel. Que voulez-vous?.. Nos pauvres paysans n'ont pas pu lire Voltaire, Rousseau et tous ces messieurs qui ont dit tant et de si belles choses. Pardonnons-leur de n'avoir pas su qu'on pouvait tomber d'une prodigieuse hauteur, et sur un tas de pierres aiguës, sans se faire aucun mal, pourvu qu'on eût la fièvre chaude; qu'on peut grimper une pente rapide et escarpée, où le chamois aurait le vertige, pourvu qu'on soit atteint de telle ou telle maladie, ou sous l'influence de tel agent inconnu, pour lequel la science inventera un nom sonore et incompréhensible. Nous sommes reculés dans nos montagnes, voyez-vous. L'appareil qui doit distiller la *raison pure* n'y est pas encore connu, et le progrès, malgré la rapide propagation des chemins de fer, n'a pas encore déployé dans le beau vallon d'Arrens les plis brillants de son glorieux drapeau.

» Deux agneaux (laissons de côté les rubans poétiques) apparaissent tout d'un coup, on ne sait d'où ils sortent, à qui ils appartiennent : en ce moment il n'y en avait pas un seul dans toute la montagne. Pendant que se jouait le drame effrayant que nous avons faiblement exposé, ils disparaissent, et oncques plus personne ne les vit. La *raison pure* et le *progrès,* aidés de la *chi-*

rurgie, parviendront à expliquer ce fait. Attendons.

» Faut-il conclure de tout cela que j'affirme, ou même que j'incline à croire qu'il y a eu possession? Je suis bien éloigné de me fixer une opinion sur ce point, et je me donnerais bien garde de m'arrêter à un sentiment, et surtout de le publier, jusqu'à ce que l'autorité compétente ait décidé. Simple prêtre, il ne m'appartient pas de prévenir le jugement de mon évêque, qui seul a le droit de prononcer. Mon but a été de réhabiliter mes compatriotes qu'on représentait comme gens simples et crédules, de faire voir que l'événement qu'on racontait offre des circonstances devant lesquelles la *raison, si elle est pure*, éprouvera quelque embarras, de signaler quelque tendance de l'article en question, qui semble vouloir réprouver le surnaturel, de venger un respectable ecclésiastique du rôle ridicule qu'on lui fait jouer. Mieux que je ne le fais, il saurait se défendre, si l'article du journal venait à sa conaissance et qu'il voulût en prendre la peine.

» En terminant, j'ose affirmer une chose : c'est que si le diable n'a pas sauvé le pauvre berger, ce qui est pour le moins douteux, il a fallu que le bon Dieu et l'auguste Vierge Marie, qu'on avait invoqués, aient eu soin de lui pendant son voyage.

» Daignez agréer, etc.

» COUSTÉ. »

Lettre de M. Larramiau, curé d'Arrens, à M. le rédacteur de l'Echo des Vallées.

« Arrens, le 30 novembre 1854.

» Monsieur,

» C'est par le plus grand des hasards que je reçois aujourd'hui le numéro de votre journal du 23 novembre. Quelle a été ma surprise ou plutôt mon étonnement en jetant les yeux sur le premier article, d'y lire, sous le titre *Croyances populaires aux Pyrénées*, le récit d'un fait qui se passa dans ma paroisse, il y a plus de deux ans. Si mon honneur de prêtre et celui de mes confrères du canton d'Aucun n'étaient compromis par la manière dont il plaît à l'auteur du récit d'arranger les choses; si la foi pure et simple des habitants d'Arrens et de la vallée d'Azun n'était malicieusement et indignement attaquée par le narrateur du fait, j'aurais fait de cet article tout le cas qu'il mérite, je l'aurais méprisé et j'aurais gardé le silence.

» Mais, en présence du ridicule que M. Cordier, dans son récit, cherche à déverser et sur le prêtre et sur la religion, ma conscience me fait un devoir de rectifier les mensonges par trop absurdes dont il a voulu se faire l'écho.

» Sans entrer ici, ce qui serait trop long, dans la réfutation de tous les détails que la plume de M. Cordier rapporte avec un cynisme qui n'a pas de nom, il me suffira de dire :

» Qu'il est faux que l'un *des bergers effaré abandonna son troupeau et courut annoncer au village l'affreux malheur dont il venait d'être le témoin* (sic); ce fut un jeune homme qui vint annoncer tout simplement qu'un berger s'était tué en tombant du haut d'un rocher ; je suis prévenu de l'accident, j'y cours, mes fonctions de prêtre m'en faisaient un devoir ;

» Qu'il est faux que *toute la paroisse soit sortie, curé en tête, se doutant de quelque maléfice* (sic); il n'y eut que quelques personnes qui me suivirent, comme cela arrive ordinairement pour tous les accidents fâcheux ;

» Qu'il est faux que *j'ai jugé à propos de réciter les prières que l'Eglise oppose aux conjurations du diable* (sic); je me contentai d'adresser au jeune homme quelques avis et quelques exhortations pour l'engager à sortir du danger où il se trouvait ;

» Qu'il est faux que *les braves gens d'Arrens aient cru à l'existence d'un maléfice* (sic); quelques personnes ont seulement trouvé extraordinaire que ce jeune homme fût tombé d'un lieu aussi escarpé et aussi élevé sans se tuer ;

» Qu'il est faux que tous les prêtres de la vallée *soient venus voir le convalescent* (sic); pas un seul ne l'a visité; il est faux par conséquent qu'il se *plût à cracher sur leurs robes noires* (sic).

» Il est faux enfin *que le diable ait paru jusqu'au bout dans cette aventure du berger d'Azun* (sic); il serait plus vrai de dire qu'il a présidé jusqu'au bout à sa rédaction.

» Je passe sous silence *l'affection particulière et la tendre reconnaissance* pour le prétendu *médecin* qui n'a jamais existé, pas même comme chirurgien.

» Je déclare donc que le fait dont M. Cordier se fait le narrateur a été entièrement dénaturé, et que son récit se ressent, du commencement à la fin, de la source infecte et malveillante où il est allé puiser ces renseignements...

» Il est infiniment à regretter que M. Cordier dont j'ai pu apprécier, dans les courtes relations que j'ai eues avec lui, et son éducation soignée et ses connaissances variées, emploie son talent à raconter des historiettes qui laissent trop percer sa haine contre le clergé et la religion...

» Je vous prie, M. le rédacteur, et au besoin je vous requiers de vouloir insérer cette lettre dans votre plus prochain numéro.

» J'ai l'honneur, etc.

» LARRAMIAU. »

Lettre de l'Auteur à M. le rédacteur de l'Echo des Vallées.

Luz, 11 décembre 1854.

MONSIEUR,

Votre impartialité me doit une place dans vos colonnes pour répondre à la double attaque dont j'ai été l'objet dans le dernier numéro de votre journal. Il est de mon honneur de ne point rester silencieux sous le coup de certaines personnalités blessantes, de dire, à mon tour, quelques paroles dont la responsabilité pèsera, comme il est juste, exclusivement sur moi.

Les lecteurs de l'*Echo* voudront peut-être se souvenir que j'ai entrepris de leur faire connaître quelques unes de ces légendes qui sont sans cesse en voie de formation dans les vallées des Pyrénées. Fidèle à mon programme, j'en avais déjà rapporté deux dans l'*Echo*, de Bagnères, et dans l'*Illustration*, de Paris, sans rencontrer d'opposition, et la troisième semblait devoir partager l'heureux sort des précédentes, lorsque deux lettres parties, l'une du collége d'Aire, et l'autre du village d'Arrens en Azun, sont venues me rappeler le danger qui se cache toujours sous des sujets empruntés à la vie contemporaine.

L'une de ces lettres et la première en date est due à la plume de M. Cousté, prêtre et professeur d'histoire, dont le talent impétueux m'était connu. La seconde est sortie du presbytère d'Arrens, et ne porte pas les marques ordinaires d'une politesse que j'avais vivement appréciée dans son auteur.

Ces deux lettres sembleraient rendre ma position difficile, puisqu'elles me donnent à la fois deux adversaires. Mais comme ces messieurs ne se sont point concertés, à ce qu'il paraît, il résulte de là, que, si j'avais pu avoir quelque embarras à répondre à M. Cousté seul ou à M. Larramiau seul, je suis aujourd'hui tout-à-fait dégagé par le visible dissentiment qu'il y a entre ces messieurs, l'un m'accusant de ne point croire à un miracle vrai, et l'autre, de faire une *historiette* d'un événement naturel : de sorte que, si j'en crois M. l'abbé, ma légende est, avec correction, un miracle, et si j'écoute de préférence M. le curé, ma légende est un conte.

Mais avant d'aller plus loin, qu'on me permette une observation générale.

Lorsque je reproduisis, en toute sincérité, l'aventure douloureuse du jeune berger d'Azun, je fus très éloigné de me poser en historien d'un fait accompli, vérifié, avéré. Je pris, au contraire, les plus légitimes précautions, au début même, pour déclarer que je racontais, d'après le peuple, d'après la voix publique, d'après l'opinion courante, et nullement d'après la réalité, recherchée, constatée ; que mon but étant de donner la mesure de la vivacité d'imagination d'un peuple et de la crédulité de sa foi, je saisissais au passage et je collais, tels quels, sur mon papier, les drames vrais ou faux acceptés par lui, et que, loin de me porter garant de la rigueur de mes récits, je prévenais essentiellement qu'ils seraient entachés d'exagération, mon sujet comportant, commandant même tous les embellissements créés par l'esprit de légende.

C'est là ce que je disais en termes assez clairs pour être compris de tous, même de M. le curé d'Arrens, surtout de M. l'abbé Cousté, dont l'intelligence est si pénétrante lorsqu'elle est calme, et j'en appelle à tous ceux qui m'ont lu ou qui auraient la générosité de me lire, pour me juger en connaissance de cause.

Ce principe posé, je pourrais simplement me dispenser de répondre aux critiques que l'on m'adresse sur l'exactitude de mon récit. Je le répète, je n'écris pas une histoire, mais une légende. L'histoire veut des faits; la légende, des croyances. Si, lors de l'événement d'Arrens, M. le curé *s'est tenu sur la plus grande réserve,* si, comme le dit M. l'abbé Cousté, *ni alors, ni depuis, personne ne lui a entendu dire qu'il crût à une possession,* comme, d'une autre part, il n'a jamais dit qu'il n'y croyait point, le peuple n'ayant pas les mêmes motifs que lui de s'abstenir, s'est livré naturellement à des conceptions plus hardies : il a cru à la possession. Je l'affirme, malgré le témoignage absolument contraire de M. le curé, dans sa lettre. Je l'affirme : tout seul? non; avec M. Cousté, prêtre, professeur d'histoire au collége d'Aire, qui n'attend lui-même, pour y croire, que la permission de son évêque.

Sur ce point encore, mes deux adversaires voudraient-ils se mettre d'accord avant de faire mon procès? Car, si je n'ai pas l'honneur de m'entendre avec eux séparément, ils ne me laissent pas la possibilité de m'entendre avec eux ensemble : en sorte que, si, forcé d'opter, je me rangeais avec M. Larramiau, je serais contre M. Cousté, et si je me rangeais avec M. Cousté, je serais contre M. Larramiau. Dans cette alternative, je fais comme M. Larramiau, je m'abstiens.

Cependant je ne dissimulerai point que si ces messieurs sont désunis sur tout le reste et en plein désaccord, il y a entr'eux une harmonie préétablie pour me reprocher les prières que je mets dans la bouche de M. le curé, en face du péril mortel de ce pauvre jeune homme. M. le curé nie les prières purement et simplement. M. Cousté m'accuse d'avoir voulu parler d'un exorcisme en règle (chose à laquelle je ne songeais point), et en prend occasion de faire à M. le curé et à moi une leçon de théologie, qui n'était assurément point nécessaire, au moins pour M. le curé.

Laissons donc de côté ce hors-d'œuvre dans la question qu'on agite, et puisque décidément ni M. l'abbé ni M. le curé ne peuvent digérer ma légende, voyons avec eux l'histoire qu'ils mettent à la place.

Il n'y a d'histoire *positive* que chez M. l'abbé Cousté. M. le curé Larramiau se renferme dans des dénégations qui seraient peut-être plus prudentes, si une certaine irritation, dont je me plains à bon droit, ne leur avait donné une netteté inattendue. Cette irritation, moindre chez M. Cousté, n'a fait qu'accélérer une verve à laquelle les lecteurs de l'*Echo* doivent une remarquable version de l'aventure que j'ai eu le premier l'honneur de signaler à leur attention.

Que M. l'abbé me permette d'appliquer ici, avec toute politesse, la qualification de version à son récit. A présent qu'il s'agit d'histoire, je n'ose plus me prononcer aisément. J'aimerais sans doute à ajouter une foi entière aux informations de M. Cousté; mais lorsque je demande si sa version est la vraie, M. Cousté répond oui, et M. Larramiau répond non.

Qu'on me permette, en effet, par de simples rapprochements qui ne sauraient dépasser les bornes d'une discussion courtoise (comme devraient l'être toutes les discussions, même avec des laïques), de démontrer clairement que les dénégations tranchantes, incisives, de M. le curé ne sont pas moins opposées à l'histoire de M. Cousté qu'à la légende de M. Cordier.

Je prie nos lecteurs de vouloir bien se reporter, par la pensée, avec les habitants d'Arrens, au pied de cet abîme, sur lequel était incessamment suspendu le pauvre berger. Ecoutons M. Cousté :

« Dans un danger si pressant et si épou-
» vantable, ayant peu à espérer des secours
» humains, ce respectable ecclésiastique se
» tourna vers Dieu et sa divine Mère... Tout
» le peuple se prosterne autour de son pas-
» teur, et de tous ces cœurs déchirés par la
» désolation, il s'échappe une même prière,
» prière brûlante que les anges durent re-
» cueillir pour la présenter à Dieu dans leurs
» coupes d'or. »

Voilà le récit de l'historien.

Ecoutons à présent M. le curé, acteur dans le drame, et par conséquent témoin oculaire :

« Je me contentai d'adresser au jeune
» homme quelques avis et quelques exhor-
» tations pour l'engager à sortir du danger
» où il se trouvait. »

Peut-être trouvera-t-on qu'il y a un peu loin de ces *quelques avis et exhortations* de M. le curé à la *prière de tout un peuple et de son pasteur, prière brûlante*, etc., de M. Cousté?

Je passe à une autre contradiction flagrante entre l'historien et le témoin.

Le témoin dit, suivant une formule qu'il a cru devoir adopter dans sa lettre, et que je ne me permettrais certes jamais, ni à son égard, ni à l'égard de personne :

« *Il est faux que les braves gens d'Arrens » aient cru à l'existence d'un maléfice* (sic); »

Le *sic* appartient en propre à M. le curé, qui a la bonté de me citer textuellement pour me démentir ensuite. Il ne s'attendait guère que M. l'abbé Cousté, prenant spontanément et imprudemment sa défense, son démenti porterait lourdement sur la lettre entière de son confrère, qui, ambiguë sur d'autres points, est claire comme le jour pour déduire les raisons légitimes que les habitants d'Arrens ont eu de croire à un maléfice. D'après M. Cousté, ils y croyaient donc? Assurément. M. Cousté y croit bien lui-même, sauf l'approbation de son évêque. Mais M. Larramiau n'y croit point.

Car, tandis que M. Cousté termine ainsi sa lettre :

« J'ose affirmer une chose : c'est que si le » diable n'a pas sauvé le pauvre berger, *ce » qui est pour le moins douteux*, il a fallu » que le bon Dieu et l'auguste Vierge Marie, » qu'on avait invoqués, aient eu soin de lui » pendant son voyage... »

M. Larramiau dit au contraire :

« *Il est faux enfin que le diable ait paru » jusqu'au bout dans cette aventure du berger » d'Azun* (sic). »

Et il ajoute avec peu de bienveillance :

« *Il serait plus vrai de dire qu'il a présidé » jusqu'au bout à sa rédaction.* »

Sans m'arrêter à cette allégation gratuite, qui est tout-à-fait hors du sujet, je me borne à constater que les deux ecclésiastiques qui m'ont fait l'honneur d'incriminer ma légende, sont en dissidence radicale, et sur les faits qui lui servent de base, et sur l'opinion qu'ils doivent en former. Peut-être, en présence de cette contradiction intestine, regretteront-ils d'avoir parlé avec si peu de mesure d'un laïque sans haine (quoi qu'en dise M. le curé, faisant ici un jugement téméraire), et qui était plus propre à les concilier qu'à les diviser dans cette occasion : car si l'on examine bien le fond des choses, on verra que ma légende, ou plutôt la légende d'Azun, ne donnant point tout au surnaturel, ni tout à l'explication naturelle, a un point de contact avec M. l'abbé, et un point de contact avec M. le curé ; tandis que M. l'abbé voulant un miracle, et M. le curé n'en voulant point, ces messieurs sont aux antipodes.

Si je ne craignais d'abuser de la patience des lecteurs de l'*Echo*, je suivrais un peu M. l'abbé, qui, en homme d'esprit, veut agrandir le débat, dans certain procès de tendances qu'il m'a intenté et où il s'escrime avec le courage d'un homme qui, voyant son adversaire lié par d'étroites convenances qu'il n'est pas maître de changer, se donne la petite gloire de vaincre sans combat.

Il me serait au moins permis de faire observer à M. l'abbé que je ne mérite pas toutes les bottes qu'il me porte ; que je ne suis, par aventure, ni la médecine, ni la chirurgie, ni la chimie, ni le progrès, ni la raison, et que s'il en veut à toutes ces grandes choses, l'honneur du siècle, il s'adresse directement à elles, non à moi : qu'il s'adresse à cet illustre corps de médecins qui, pour la vraie gloire de Dieu, a découvert la circulation du sang et appliqué la vaccine; à cette chirurgie qui soulage nos soldats sur des champs héroïques; à cette chimie, mère des prodiges; qu'il arrête, de son bras, le wagon du progrès; qu'il conjure, qu'il exorcise la raison! La raison! j'avais parlé de la raison pure. Il est vrai que M. le curé parle aussi de la foi pure; mais M. le curé n'est point M. l'abbé, on le sait assez; et l'adjectif qui convient à M. le curé et à moi, déplaît à M. l'abbé : je le retire; mais non, je le garde : oh! que cet adjectif a bien fait les affaires de M. l'abbé, et qu'à l'ombre de mon adjectif, il porte de traîtres coups au substantif raison! A la raison? vous le croyez? Non, c'est à la raison pure : le tour est fait.

Et Voltaire, et Rousseau!

> On ne s'attendait guère
> A voir Voltaire en cette affaire.

M. l'abbé, laissons ces grands morts en paix.

Je n'ai jamais, comme vous l'insinuez, craché sur les robes noires; j'ai *une éducation trop soignée,* comme le dit M. le curé, pour cracher sur qui que ce soit. Jamais, non plus, je n'ai remué par des sarcasmes la cendre de personne.

Je viens à vous, M. le curé, pour vous dire, à vous, une chose grave, et je vous prie, en toute humilité de ma part, de descendre dans votre conscience. Dites, M. le curé, lorsque vous écriviez que « *le » récit de M. Cordier se ressent, du commen- » cement à la fin, de la source infecte et » malveillante où il est allé puiser ses ren- » seignements...* » aviez-vous bien réfléchi? Saviez-vous bien à quelles sources je puisais? (elles sont plus nombreuses que vous ne semblez le croire). Si vous ne le saviez point, comment osiez-vous jeter de votre bouche qui devrait être plus modeste, cette vilaine imputation à des inconnus? Et si vous le saviez, je ne vous parlerai pas, monsieur, par égard pour votre robe, de la vérité outragée; je me contenterai de vous dire : M. le curé, vous avez eu le malheur de manquer de charité.

EUGÈNE CORDIER.

FIN.

TABLE.

Avant-Propos.		v
I.	Grandeur peu connue de la Légende. — Zoologie fantastique. — Les Anglais magiciens.	1
II.	Le Pasteur de 909 ans.	10
III.	Dieu et les Lacs.	16
IV.	L'Homme dans la Lune.	25
V.	Le Serpent.	31
VI.	Le Diable au XIII. siècle.	37
VII.	Le Diable chez les Paysans.	45
VIII.	Le Diable au XIX. siècle.	51
IX.	Les Fées.	55
X.	Les Innocents.	62
XI.	Crédulité présente.	67
XII.	Crimes contre les Sorciers. — 1679-1850.	75
XIII.	La Légende continue. — Les Possédés.	89
XIV.	Deux Lettres et une Réponse.	107

www.ingramcontent.com/pod-product-compliance
Ingram Content Group UK Ltd.
Pitfield, Milton Keynes, MK11 3LW, UK
UKHW020314180726
13839UKWH00001B/459